卫国英雄
邓世昌

陈明福◎著

民族已在危难之间，
大好河山
岂容他人掠夺！

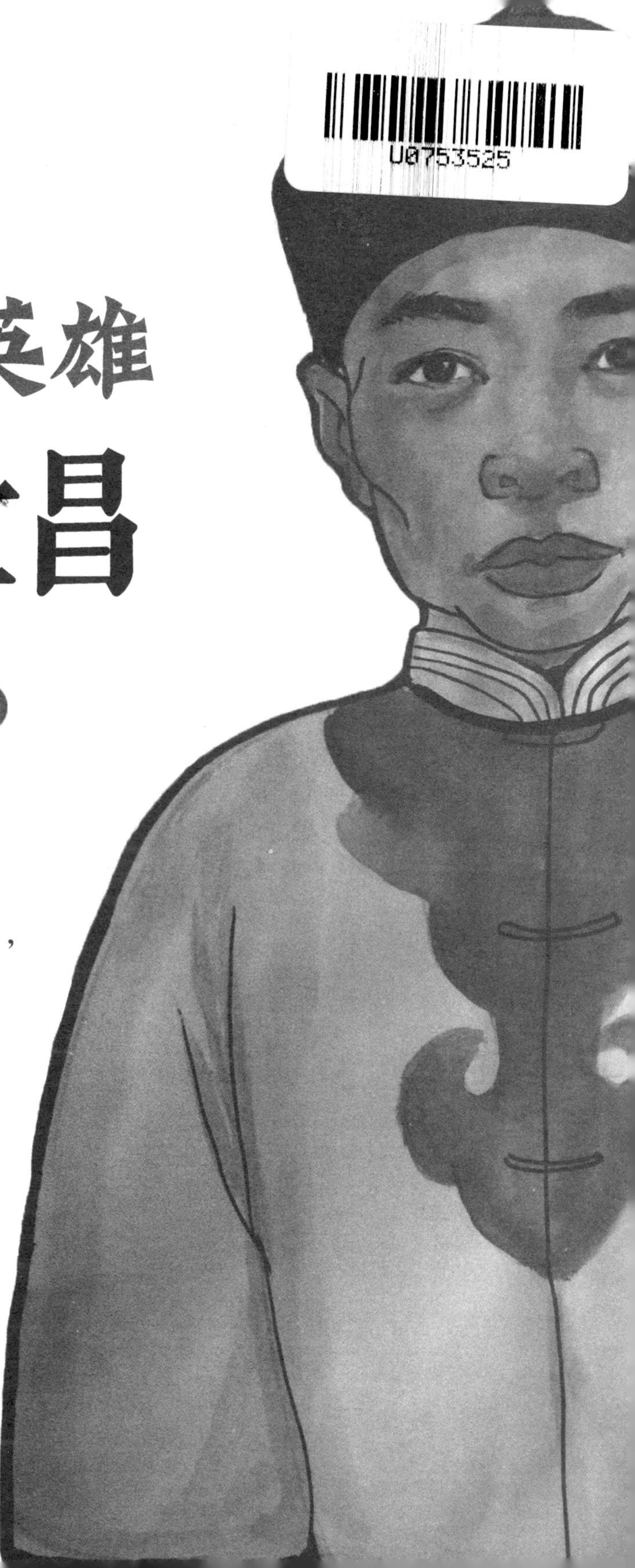

辽宁人民出版社

ⓒ 陈明福　2016

图书在版编目（CIP）数据

卫国英雄邓世昌：青少版 / 陈明福著 . —沈阳：
辽宁人民出版社，2017.1
ISBN 978-7-205-08761-6

Ⅰ . ①卫… Ⅱ . ①陈… Ⅲ . ①邓世昌（1849-1894）
—传记—青少年读物 Ⅳ . ① K825.2-49

中国版本图书馆 CIP 数据核字（2016）第 271625 号

出版发行：辽宁人民出版社
　　　　　地址：沈阳市和平区十一纬路 25 号　邮编：110003
　　　　　电话：024-23284321（邮　购）　024-23284324（发行部）
　　　　　传真：024-23284191（发行部）　024-23284304（办公室）
　　　　　http://www.lnpph.com.cn
印　　刷：沈阳市精华印刷有限公司
幅面尺寸：155mm×227mm
印　　张：10.5
字　　数：90 千字
出版时间：2017 年 1 月第 1 版
印刷时间：2017 年 1 月第 1 次印刷
责任编辑：韩　喆
装帧设计：琥珀视觉
责任校对：赵　晓
书　　号：ISBN 978-7-205-08761-6

定　　价：25.00 元

致远舰与邓世昌

1894年9月17日，舰上官兵合影

致远舰

序　言

每次看中国地图，我都深为祖国的地大物博、山河壮美和历史悠久自豪。中华民族是在波澜壮阔的历史进程中形成的，这个过程充满了血与火的战斗、生与死的考验。明清两朝，由于国势衰微，国家陷入灾难深重、任人宰割的境地，多次受到侵略者的肆意欺凌、掠夺和瓜分。国家饱经外患而仍生生不息，是人民群众团结战斗、奋力反抗的结果，在这救亡图存的过程中涌现出一批又一批优秀的卫国英雄。这些英雄人物面对"山河破碎风飘絮"，不畏强敌，挺身而出，带领人民群众拿起武器，保家卫国，这才使得国家一次次转危为安、化险为夷。敢于冒着敌人的炮火前进，奋勇杀敌，舍生取义，挽狂澜于既倒，扶大厦之将倾，这是真英雄的写照。面对侵略敢于战斗，面对强敌敢于亮剑，方显英雄本色。卫国英雄是中华民族的脊梁，是中国人民的骄傲。他们用实际行动证明：中华民族不可侮，中国人民不可欺。

我们都有一个梦，名字叫"中国梦"。目前，全国人民正并

肩携手走在实现民族复兴中国梦的康庄大道上。少年强则国家强，我辈少年当自强。中国梦的实现需要青少年学习英雄精神，接力团结奋斗。卫国英雄的浩然正气与天地共存，与日月同辉。卫国英雄的光辉事迹彪炳千秋，催人奋进。卫国英雄英勇善战、所向披靡的英雄气概，为青少年所敬仰。当代青少年有幸生活在我国几十年没有战争的和平环境中，但是，千万不要因此觉得天下太平。环视周边安全，需要高度警惕，不能掉以轻心。我国国土尚未完全统一，台湾一直孤悬海外，没有回归祖国。目前，台湾政权轮替后，岛内分裂势力更加猖獗，两岸和平发展面临新的挑战和变数。同时，从东海到南海，从钓鱼岛到永暑礁，我国主权受到域内外的多方挑衅和侵犯。天下虽安，忘战必危，何况今日之周边战云密布。在国家安全环境复杂的新形势下，用历史告诉现实，引导青少年弘扬前辈英雄戍边卫疆、保家卫国的爱国主义精神，既具有深远的历史意义，又具有重要的现实意义。

青少年向卫国英雄学习什么？我认为，核心即是学习他们炽热强烈的爱国主义精神。和平与发展仍然是当今时代的主题，我们要时刻关注国与国之间每日存在的科技、经济、文化和综合国力的竞争。我们还面临许多不公平的国际规则，常常受到发达国家的不公正对待。爱国不是抽象的，而是具体的，青少年要根据自身特点，找到合适的爱国路径。

我高兴地看到，辽宁人民出版社的卫国英雄丛书以人物传记的方式，介绍明朝抗倭名将戚继光、抗倭名将俞大猷、明平息倭患的胡宗宪、明清之际收复台湾的郑成功、清朝道光时期严禁鸦片的林则徐、收复新疆的左宗棠、抗法名将冯子材、抗法抗日的刘永福、甲午海战名将丁汝昌和邓世昌等十位卫国英雄抵御外侮、保家卫国的故事。十位卫国英雄尽管所处时代不同、成长经历不同、战斗故事不同，但都敢于同外敌进行不屈不挠、艰苦卓绝的斗争，用奋勇杀敌的实际行动，维护国家的领土完整、保障人民的安居乐业。这套丛书主题鲜明，思想深刻，情节生动，文字优美，通俗易懂，适合青少年学习和阅读，可以说是青少年学习和弘扬爱国主义精神的生动教材。我相信，青少年读者阅读这套丛书，一定会为卫国英雄的爱国故事所感动，为卫国英雄的凛然正气所感染，从卫国英雄的故事中汲取勇气、智慧和力量，不断增强爱国之情，砥砺强国之志，在实现中国梦的伟大实践中放飞人生梦想，绽放绚丽青春。

中国青少年研究中心副主任　张良驯

2016 年 5 月 17 日

CONTENTS

目 录

第一章

从小立志投军报国

第一节　乱世得子盼世昌盛

大清帝国已经被迫对外"开埠"的南方大港广州，蜿蜒曲折的珠江穿过全城。沿江帆樯林立，舳舻相接；两岸车水马龙，熙熙攘攘。

广东番禺县龙导尾乡（今已划入广州市海珠区）一个殷实人家，户主名叫邓焕庄，先祖原为东莞怀德乡人，至二十三世传焕庄，专营茶叶生意，曾经在广州及津、沪、汉、香港、秦皇岛等地开设祥发源茶庄，并始建邓氏家祠。

根据历史学家考证，邓氏第十九世至二十四世族系表是：晋富（十九世），子积喜（二十世），积喜子成旺（二十一世），成旺生四子，分为大宅、二宅、三宅和四宅。大宅和三宅无资料可考。二宅景新，字映霞；四宅景能：他们都是邓氏第二十二世。景新子焕芬，字秋甫；景能子焕庄，字端甫：同为二十三世。焕庄的妻子郭氏于1849年10月4日（农历八月十八日）生了一个男孩，

此男孩也是他们夫妻的独生子。因为邓焕庄饱受世道黑暗和战乱之苦，殷切盼望邓氏家业昌盛，就给这个儿子起名为邓永昌；然而家业兴旺谈何容易，离不开时势和国运的大环境，故知情达理的邓焕庄又将其子改名为邓世昌。

邓焕庄为子起名希冀事业兴旺，家道昌隆，期盼时世好转，政治昌明，毕竟仅仅是主观愿望。客观的情况是：这个孩子对家庭来说是"生不逢时"、命运不济，但对苦难深重的国家和民族来说却是生得其时、才为世出。他的一生虽短暂，却像彗星行空，凤凰赴火，发出了绚丽夺目的奇光异彩。

邓世昌少年时期，帝国主义接连不断地入侵，他目睹外国侵略军在广州街头横行霸道，欺压中国人。鸦片的侵袭，使茶叶生意大为萧条，邓氏家境每况愈下。

第二节　少年萌发报国宏志

英、美、法等帝国主义列强用舰炮轰开中国大门，先是"五口通商"，继而扩大到沿海各重要港口。南面的广州和中部的上海是他们进行经济、军事侵略的桥头堡，因此，这两地的中国商民受害最深。

邓世昌的祖父景能公，早年经营茶叶。开始阶段，生意兴隆，家业发达。自从英人输入鸦片之后，中、英贸易逐渐发生变化，英国由原来的入超变为出超。茶叶虽仍是清国对欧洲的大宗贸易物，但渐趋衰颓。特别是经过两次鸦片战争的战火，更是日益萧条。老掌柜景能公心事重重，不时摇头叹息，为生计犯愁。少掌柜邓焕庄，更是思虑无策，夜夜忧叹。他听说上海商贾云集，出口额大，决意往沪上一走，投奔朋友，再起商号，拓展茶业。于是将此心事向老父诉说。景能公斟酌良久，终于允可。邓焕庄自幼随父经商，深谙茶道，颇为得法，去了几趟上海后，便在那里租屋开了一个小茶行，稳步扩大经营资本与规模。其时上海虽然亦与广州一样，遭受外夷侵扰，列强瓜分，但与粤地比较起来，时势稍为平和些。更因其四通八达，物源丰盛，且城市不断扩大，人口速增，所以商机较多，经营茶叶优于广州。

邓世昌从小资质聪颖，勤奋好学。一天，他路过街头摊市，见一个衣衫褴褛的山民，正在吆喊出卖树苗："好树种，苹婆树，紫荆树，栽种庭院最合适……"邓世昌自幼好读古诗，酷爱书法，

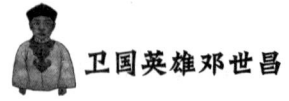

虽小小年纪，已打下深厚的古文底子。当他听到"苹婆树"三个字时，顿时想起战国著名文学家宋玉的《风赋》中的句子："夫风生于地，起于青苹之末。"唐李峤《风》诗："落日生苹末，摇扬遍远林。"更有曹寅"争似苹婆双院里，挥毫日日醉春风"的诗句。他情不自禁地说："家院里种上一棵苹婆树，一棵紫荆树，绿阴婆娑，清风拂面，然后临窗挥毫，岂不令人陶醉？"

于是他毫不犹豫地从口袋里掏出钱来将其买下，兴冲冲地背回家中，在院子里挖了两个深坑，将其种上。就在他培土浇水即将完毕之时，家仆出来呼唤道："少爷，老爷有事找你，我在书房客厅寻了个遍，想不到你在这里！"

邓世昌立即洗手，掸掉身上尘土，正冠、整衣，到厅堂里去聆听父亲教诲。

世昌向父亲鞠躬、问安之后，焕庄说道："世昌，你已完成小学学业，不能长久囿于家乡一隅之地，应多见世面，长见识，我想把你带到上海去就读。"

世昌听后，喜上眉梢，恭敬地说："父亲所言极是，孩儿早怀远行之志，今日能如愿以偿，定不辜负父亲期望。"

焕庄高兴地说："好啊，明日你随同为父去沪，抓紧准备书籍、行李去吧！"

世昌欣喜异常，雀跃而去。

焕庄觉得，无论将来让儿子继承自己的事业，还是从事别的事业，都必须学习洋文，进而学习外国先进科学知识。这在把英语当作"蛮夷之语"的当时来说，是惊世骇俗的。当他携世昌到了上海之后，先让他进了一个教会学校，师从欧人学习英语。世昌接受新知识能力很强，学业上进步极快，在很短时间内，就能与洋师对话，并能看阅英美原版书籍。洋师对他赞赏有加，十分喜欢这个聪明伶俐的学生。

世昌身材不高，性格沉毅，状貌雄健，无论读书、做事，都是专心致志，心不旁骛。来到上海已近半年，他一直埋头读书，几乎"足不出户"，与外面喧嚣热闹的花花世界仿佛隔绝。第一学期学业完成后，有短暂的假期，加之"外师"要回国探亲，所以有了一点空闲时间。于是他利用这一机会，游历上海。他常到外滩，看到沿江一幢幢鳞次栉比的西式楼房，全是英、俄、美、法等国的领事馆、教堂和各色各样的洋行；黄浦江边，看到挂着各种旗帜的外国军舰在中国海口、内江任意进出，横冲直撞，畅行无阻，不禁萌发出以保卫国家为己任的念头，慨然兴叹道：

"中外通商日盛，外舰来华日多，中国的弱点都被外人探知，假使中国不用西法建立海军，一旦强邻肇衅，何以御之？"（《海

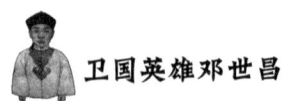卫国英雄邓世昌

军实纪·邓壮节公事略》）

从此，他蓄志投身海军，这就决定了他后来所走的生活道路。

必须着重指出的是，"强邻肇衅，何以御之"的慨叹，是在19世纪60年代初期，一位十二三岁少年发出的，特别是以敏锐的眼光忧虑"强邻肇衅"，实属可贵。当时处于两次鸦片战争之后，朝廷惧怕的是欧美列强，没把还未勃兴的东邻日本放在眼中，昏昏然高枕无忧。直到十来年后，日本公然并吞琉球，出兵侵占台湾，才看到"强邻肇衅"的危险，引起朝廷哗然。

外国侵略者在租界内横行霸道，为所欲为，中国人被殴打、欺凌和任意监禁，几乎天天都有，成了司空见惯的事情。据邓世昌长孙邓小鹏回忆，他曾听父亲说过祖父邓世昌小时客居上海滩的一段亲身经历：

"有一次，他在路上看到一个'三道头'（外籍巡捕）毒打拉车工人，他看不过去，出面劝阻：'不要这样，你晓不晓得这到底在中国！'那个'三道头'却回答说：'你晓不晓得这是在租界！'反而弄得他无言可答。"这次目睹，对邓世昌刺激很大，使他深刻地感受到了帝国主义对中国人民的沉重压迫，进一步激发他树立强我中华的宏伟志向。

第三节　投笔从戎献身海军

邓世昌少年时代，正是国家和民族危机空前加剧，那些"放眼看世界"的有识之士大声疾呼加强海防建设的时期。关心经世之学的邓世昌悉心研读了魏源的《海国图志》，开启并给予他一个广阔的心灵世界。

魏源在《海国图志叙》中明确地阐述了作书目的："是书何以作？曰：为以夷攻夷而作，为以夷款夷而作，为师夷长技以制夷而作。"全书字里行间充满着魏源炽热的爱国主义情感。

在《海国图志》一书中，魏源尖锐指出，中国科学落后于西方，完全是清统治者昏聩造成的恶果。面对顽固派用反对"奇技淫巧"的滥调来反对"师夷长技"，他愤怒地痛斥道：圣人造舟制楫，以济不通；制弦剡矢，以威天下，难道也是"形器之末"？凡有用之物，"夺奇技而非淫巧"。如今西洋器械借风力、水力、火力，奇造化，通神明，无非竭尽耳目心思之力，以利国家和全民所用。

魏源认为其正确态度应该是"因其所长而用之，即因其所长而制之"。只有这样,一个国家才能"风气日开,智慧日出,方见东海之民犹西海之民"。此即为"师夷长技以制夷"的著名主张。

"夷之长技"是什么?魏源指出:"夷之长技三:一、战舰;二、火器;三、养兵练兵之法。"他主张在中国设立兵工厂、造船厂,并学习西方练兵之法,建设一支强大的军队。而且魏源还认为,学习夷之长技,不局限于武器装备,西方的"量天尺、千里镜、龙尾车、风锯、水锯、火轮机、火轮舟、自来火、自转碓、千斤秤之属,凡有益民用者",都在学习和制造之列。《海国图志》中,也反映出了魏源明显的发展民间资本主义的思想倾向,提出:"沿海商民,有自愿仿设厂局,以造机械"者应予鼓励,此论邓世昌也很欣赏。

魏源还指出:"西夷之所长,不徒船炮也。"养兵练兵之法亦值得我们学习。西洋之兵"刀械则昼夜不离,训练则风雨无阻"。如果"无其节制,即仅有其船械,犹无有也;无其养赡,而欲效其选练,亦不能也"。因此他认定西方的饷兵之厚,练兵之严,驭兵之纪律,为绿营水师对症之药。认为治绿营水师,必须"精训练而严节制之"。而要达到此目的,必须"先筹养兵"。这些思想,后来成为邓世昌带兵训练的准则之一。

邓世昌读书,不是囫囵吞枣的全盘接受,而是通过自己的独

立思考，领会其精神，吸取其精华，摈弃其片面性或偏见。他对于魏源提出的"守外洋不如守海口，守海口不如守内河"的主张，认为这只是敌强我弱、实力悬殊状况下御敌的权宜之计，不可作为长期的海防之策。他对书中指出的"江夷东驶之舶，遇岸争岸，遇洲据洲，立城埠，设兵防，凡南洋之要津，已尽为西洋之都会"这段话写了眉批：

欧罗巴诸国，越七万里而遍于中土，非偶然也。盖四海之内，其帆樯无所不到，凡有土有人之处，无不睥睨相度，此乃真正海上强国也。若我绿营水师能横渡大洋抵泰晤士河口，何用守珠江、长江内河以御敌？

这是邓世昌后来极力主张的"邀击强敌于外海"战略思想的萌芽。

邓世昌还喜欢古往今来的军旅诗，那些金戈铁马、气势磅礴的诗篇常常成为他练习书法的内容。一天在学西语后的课余，他用楷体写下了李贺《南园》诗的第五首：

男儿何不带吴钩，收取关山五十州。请君暂上凌烟阁，若个书生万户侯？

接着，以草体挥写了杨炯的《从军行》：

烽火照西京，心中自不平。牙璋辞凤阙，铁骑绕龙城。
雪暗凋旗画，风多杂鼓声。宁为百夫长，胜作一书生。

在写到最后两句作结时，他心情激荡，托诗言志，使书法刚劲有力，神采飞扬。正在此时，他的父亲焕庄默默地进来观看，他竟未觉察。

"写得好，有了长进！"父亲连连点头，表示称赞。

邓世昌不好意思地搁笔，向父亲请安。

邓焕庄通过世昌书写的两幅字，仿佛看出了儿子的心思，便问道：

"莫非孩儿要弃科举仕途，怀投笔从戎之志？"

邓世昌见父亲既然已经点破自己久存胸臆的夙愿，便大胆进言道：

"科举仕途实为摧残人才的千年枷锁、无形杀手，多少人皓首穷经，结果乃是秀才到顶。龚公、魏子、左氏都是旷世奇才，

却累试不第，前车可鉴，儿不能重蹈其覆辙而虚掷平生。"

邓焕庄本是个开明通达之人，加之长期生活在与洋人通商的广州上海，思想观念转变较大，觉得觅生之路不如经商，原来就不打算让世昌去读书做官，只是没想到他要去从军。自己经营生意多年，本来希望有个接班人和帮手，但看到市面萧条，从商艰难，也就改变了初衷，便说道："人生贵适志，不必苟于名利，为父遂儿所愿。"

邓世昌喜出望外，向父亲出示近几年来他用心收录的朝廷重臣的言论，即他们赞成在中国创建坚船利炮体系，邓焕庄细读了之后，频频点头赞许，叹为远见。此后，邓世昌遂坚定了干海军保卫祖国海疆的志向。

第四节　毅然报考船政学堂

1866 年左宗棠任闽浙总督时上奏称：要想防海之害而收其利，非整理水师不可；要想整理水师，非设局监造轮船不可。中国屡遭列强侵略的根本原因在于海防的极端薄弱，"若纵横海上，彼有轮船，我尚无之，形无与格，势无与禁，将若之何？"所以"此时东南要务，以造轮船为先著"。

当时，中国自己设厂造船，困难重重，从选择厂址到解决机器、技术、经费、驾驶、养船等，无一不是难以解决的问题。对这些问题，左宗棠在奏折中都一一提出了解决的办法。清朝政府谨慎地同意了左宗棠的意见，并允准将闽海关四成结款四十万两白银作为创办福州船政局的经费。

造船与学造船、学驾驶并重，是福州船政局的一个重要特点。左宗棠把"学"视为船政局成败的重要标志。在左宗棠与洋人日意格商定的创办船政局保约中，规定了创办学堂与教授制造、驾驶知识的内容。

接替左宗棠办船政的沈葆桢为船政学堂取了个文绉绉的名字，叫作"求是堂艺局"，办得有声有色。不管起什么名字，此对建设近代海军说来，"是为中国防海设军之始，亦即海军铸才设校之基"。

学堂开始招生时，设想的生源主要为本地资质聪颖、粗通文字的寒门子弟。他们难免为贪图食宿免费和每月四两的饷银而来。所以事前明确规定：既来之后，则不许利用艺局的免费教育，私

自准备参加科举。因为在科举盛行的时代背景下，这种破天荒建立的军事技术学校对士子的吸引力不大。由于生源不足，后来把招生一直扩展到广东、香港一带。报名者必须将三代名讳、职业、保举人功名经历填写保结，并要取其父兄及本人的甘结。第一次招生考试的试题是"大孝终身慕父母论"。

首次招生共录取严宗光、罗丰禄、林泰曾、刘步蟾、方伯谦、林永升、黄建勋、蒋超英、叶祖珪、邱宝仁、何心川等几十个人，年龄都在12岁至15岁。由于人数不足，决定再从广东和香港招生，并把年龄要求放宽。

邓世昌得知此消息后，立即禀告父亲，要求报考。开明的父亲毫不犹豫地答应了他的请求。邓世昌回到广州，参加考试，成绩优秀，顺利录取。此次考取的除邓世昌外，还有张成、吕翰、叶富、林国祥等人，皆已学过英文，基础较好。1867年1月6日，学堂正式开学。此时校舍未成，便假城南定光寺（白塔寺）的空房做教室。

艺局对于学生的要求是严格的，其基本精神是促使他们进取。为此，制定了《求是堂艺局章程》，采取了一些具体措施。这是中国近代军事学堂的第一个章程：

一、各子弟到局学习后，每逢端午、中秋，给假三日；度岁时于封印日回家，开印日到局。凡遇外国礼拜日，亦不给假。每日晨起后、夜眠前，听教习洋员训课，不准在外惰游，致荒学业。不准侮慢教师，欺凌同学。

二、各子弟到局后，饭食及患病医药之费，均由局中给发。

三、各子弟饭食既由艺局供给，仍每名月给银四两，俾赡其家，以昭体恤。

四、开艺局之日起，每三个月考试一次，由教习洋员分别等第。其学有进境考列一等者，赏洋银十元；二等者无赏无罚；三等者记惰一次。两次连考三等者戒责；三次连考三等者斥出。其三次连考一等者，于照章奖赏外，另赏衣料，以示鼓励。

五、子弟入局肄习，总以五年为限。于入局时，取具其父兄及本人甘结，限内不得告请长假，不得改习别业，以取专精。

六、艺局内宜拣派明干正绅，常川住局稽察师徒勤惰，亦便剽学艺事以扩见闻。其委绅等，应由总理船政大臣遴选给委。

七、各子弟学成后，准以水师员弁擢用。

八、各子弟之学成监工者、学成船主者，即令做监工、做船主，每月薪水照外国监工、船主辛工银数发给，仍特加优擢，以奖异能。

求是堂艺局不久后便迁往马尾，这时艺局已分为两部分，但还未有确切名称，通称"法语学校"和"英语学校"。前学堂、后学堂正式名称的出现，第一次见于1873年12月7日《船工将竣谨筹善后事宜折》，称："前学堂习法国语言文字者也……后学堂习英国语言文字者也。"从此即为中文资料所沿用。前者包括造船、设计专业和学徒班，后者包括驾驶、轮机专业。

福州船政前、后学堂的开办，是中国近代史上标志文明进步的重大事件。它是第一次"官办"新学，聘请的是蓝眼珠、黄头发、高鼻梁的洋人执教；念的是叽里呱啦的"蛮夷之语"；研制的是向来被封建士大夫嗤之以鼻的"奇技淫巧"和"至愚之器"……中国最早发明的指南针，不再是用来看风水的工具，而是被洋人精制成可以用来在汪洋大海上准确导航的罗经了；火药更不仅仅是用来制爆竹，而是装入了威力巨大的炮弹中。

被洋人痛打之后的中国开始清醒，一代莘莘学子从头学习，谦恭地向洋老师求教，邓世昌便是其中一位出类拔萃者。

课堂教育，仅是海军教育的第一步。要成为合格的海军军官，还需要经过练习舰的实习。如同沈葆桢所说："出自学堂者，则未敢信其能否成材，必亲试之风涛，乃足以觇其胆智。否即实心讲究，譬之谈兵纸上，临阵不免张皇。"1869年，沈葆桢派员到香港、南洋一带购置轮船，没有找到合适的。次年夏天，船政局"福星"轮下水，沈葆桢打算将其改成练习舰，可是"福星"轮太小，难以容纳多人。直到年底，才在福州购得德国三桅夹板船"马得罗"号，易名"建威"号，按照军舰式样改造。"建威"号长 38米，宽 8.2 米，排水量 475 吨，虽然使用多年，但船的木料很好，做工也很讲究。二层舱内，能住百余人。这是船政学堂拥有的第一艘练习舰。

第五节　出类拔萃上舰任职

福州船政局的首批毕业生，经过了两至三年的海上实习，确定了分配的去向。1873 年 12 月，沈葆桢在五年限满之际，除奏请继续造轮船外，还根据"日起而有功"，"循序而渐进"的精神，提出派学生分赴英、法学习，"窥其精微之奥，宜置之庄岳之间"。建议从前、后学堂中，挑选天资颖异而学有根底的学生，出洋学习驾驶和造船，以便推陈出新，练兵制胜。这样，三五年后，"有

外国学成而归者，则以学堂后进之可造者补之，斯人才源源而来，朝廷不乏其用"。这是一个选拔提高人才的重要途径。

还有一个当务之急就是，此时船政局已经有了几艘舰船，这些舰船有的是向德、英购买的（如"建威"舰），有的是船政局自造的（如"福星"轮）。海军始建，就这么一点家当，必须挑选成绩优异、身体健壮、实习时表现出众的佼佼者上舰任职，要挑选已有能力驾舰蹈海的"致用"之才。第三类是学习成绩好而身体差的学生，不能人厂上船，就到学堂担任教师。这样的分配方针原则，真可谓"人尽其才""才尽其用"了。

邓世昌在船政学堂攻读五年，自始至终奋发学习，自强不息，各门功课考核皆列优等。"凡风涛、沙线、天文、地理、测量、电算、行阵诸法，暨中外交涉例文，靡不研究精通。"正因为如此，沈葆桢很看重他，称赞他是船政学堂中"最伶俐的青年"。尤其是在随"建威"舰到南洋的实习中，邓世昌表现出实际驾驶、管理舰船的很高的素质和技能，深得外教的好评。加之邓世昌年龄在同学中偏大，比较稳重和老练，沈葆桢就于1871年底派他去管"建威"号兵轮。邓世昌上舰以后，"执事惟谨"，以身作则，爱护士兵，深受人们爱戴，在部属中享有很高威信。1874年，沈葆桢对他奖以五品军功，并派充任"琛航"舰大副、"海东云"管带（清末新军制，统辖一营的长官。海军舰长亦用此称）。时年，邓世昌 25 岁。他是船政局的毕业生中最先冒尖、最早在舰船上任职者之一。与他同时或稍后任职的第一届毕业生还有：张成先后任"海东云""靖远"管驾，吕翰任"长胜""振威"管驾，叶富任"海东云"管驾，林国祥任"琛航"管驾，林泰曾任"建威"大副，黄建勋任"扬武"正教习，方伯谦任"伏波"正教习、"扬武"管驾。

沈葆桢离任之后，由丁日昌总管船政局。福州船政局派学生出国学习一事，最后由李鸿章与丁日昌、吴赞诚等人函商筹议，于 1877 年 1 月提出选派船政局学生出洋肄业章程和上奏清廷。根据这个奏折和章程，李凤苞于 1877 年 2 月到福州船政局，挑选去法、英学习制造和驾驶的学生。3 月 31 日，李凤苞带领船政局首届出国学生，乘船政局"济安"轮去香港，4 月 5 日改乘外国公司轮船西行，分赴英、法学习。

这批出国人员中，除华、洋监督外，有随员马建忠，文案陈季同，翻译罗丰禄；学生除已在法国的魏瀚等 2 人外，还有学制造的郑清廉等 12 人，艺徒裘安国等 4 人，学驾驶专业的刘步蟾等 12 人，共 30 人。马建忠、陈季同和罗丰禄三人，既是工作人员，也是学生，加上他们是 33 人。随后，李凤苞和日意格认为："艺徒人数

尚少，不敷分拨"。船政大臣吴赞诚根据李凤苞等人"添加艺徒，俾便分习"的意见，将同年十月随洋员斯恭塞格去法国的 5 名艺徒，留在法国学习。这样，福州船政局首次派往英、法的留学生共有 38 名。这批出国学生的选拔采取保质勿滥的方针。《船政学生出洋肄业章程》说："选派生徒，应由监督溯查考绩，详加验看"，严禁选派不应出国学生滥竽充数。对此，《章程》特别规定："如有不应出洋，滥收带往，不能在官学官厂造就以致剔回者，其回费由监督自给。"

这批被选拔的学生，大都有较好的理论基础和实际经验，质量是比较好的。据不完全记载，学制造的 14 人中，都是前学堂的首届学生；学驾驶的 12 人中，除萨镇冰、林颖启是后学堂二届学生外，其余 10 人都是首届学生。此外，文案陈季同是前学堂的首届学生，翻译罗丰禄是后学堂首届学生。这些学生，有的如魏瀚、刘步蟾、林泰曾等人，早被沈葆桢以"其工学习有年，其才均堪造就"，于 1875 年派随日意格西行出国考察；有的如吴德章、罗臻录等人，自己还独立设计制造过"艺新"轮。因而，吴赞诚称赞说："本中华杰出之才，收庄岳数年之益，习英学者可期为良将，习法学者可望为良工。"

根据邓世昌的全面素质和表现，完全可以选入出洋留学之列，只是因为带船人才紧缺，才让他在国内风涛海浪中锤炼。事在人为，邓世昌虽然未正式出国学习，但他作为海军良将，素养仍然是出类拔萃的，所以李鸿章等人几次派他出国去接收新舰。邓世昌在出国接舰过程中，抓紧机会，虚心好学，弥补了未在国外深造的缺憾。

第二章

西行接舰开启心智

第一节 "水师中不易得之才"

邓世昌在驾驶和管理舰艇上所表现出来的将才素养、风度，既是本身修养的成绩，又是船政学堂严格教育培养的结果。福州船政后学堂本为学习航海而设，故最重视驾驶专业。驾驶班专门培养航海人才，而航海是一门相当复杂的学科。"世昌自入堂学习，各门考核屡列优等。"

沈葆桢在船政后学堂学生历时 4 个月的航海实习之后奏称：

"海天荡漾，有数日不见远山者，有岛屿萦回，沙线交错，驶船曲折而进者。去时，教习躬督驾驶，各练童逐段誊注日记，量习日度星度，按图体认，期于精熟；归时，则各童自行轮班驾驶，教习将其日记仔细勘对。至于台风飓风大作，巨浪如山，颠簸震撼之交，默察其手足之便利如何，神色之镇定如何，以分其优劣。"

经过练船远航实习之后，择优破格擢拔带船者。邓世昌之所以被选中，是因为他驾船技术高超，指挥技能精湛。舰船在茫茫

的大海上航行，全舰的命运集中于舰船长一人。

权威是在实践斗争中逐渐形成的，即在多次的实际考验中表明有这样的能力，才能赢得大家的信赖。邓世昌驾舰技巧很高超，各种复杂的海区和气象条件他都能得心应手地驾驶舰艇。再有，舰艇与轮船不同之处是有武器装备，这是战舰的"利齿"和铁拳，一个称职的舰长必须熟练指挥全舰的武器装备，在战斗中充分发挥各种火力的威力，而邓世昌在这些方面都有出色的表现，故有"使船如驶马，鸣炮如鸣镝"的赞誉。

搞航海需意志坚强，遇险情能镇定自若。大海喜怒无常，脸色骤改，"晦明百变一弹指"。海波动荡，百态千姿，妙笔难描。平静海面，如娴静少女，温柔可爱，"万顷一碧波粘天"；突然间，海浪簸荡，如泼妇发疯，怒不可遏，"打崖裂石与君看"。大海的事业是"勇敢者的事业"，是英雄好汉的活动舞台。所以历来有"经风浪"、"在大风大浪中锻炼"的说法。在大海中航行充满着危险性，在蓝色的帷幕掩盖下，有深谷暗礁，海流漩涡，还有信风季风等十分复杂的自然现象，这都是对航海者的威胁。良好的航海心理，突出地反映在具有快速反应及紧急应变能力上，不但要能及时应对每个迫在眉睫的危局，而且要能随时防范各种危局的出现。邓世昌就具有逢忙不乱、遇险不惊、临危不惧的气质，以及沉着冷静、坚忍不拔、机智果断的性格。因此，他总是能应付各种突如其来的意想不到的情况。

例如，1879 年，邓世昌调入北洋舰队后，先任"飞霆"管带，不久，又调任"镇南"管带。1880 年 8 月，总教习葛雷森率"镇东"、"镇西"、"镇南"、"镇北"四炮艇巡游黄海。

当时正值台风季节，四艇巡弋至海洋岛附近时，邓世昌感到天气湿热所引起的不舒适，他看着气压表竟自往下降落，心想："附近哪里的大气起了恶劣变化哩。"他手执望远镜注视前方，只见圆形的海面波光微闪，宛似一片起伏的灰色丝绸。四"镇"以"镇南"为前导，耕田似的犁破那海面，一道深痕旋起旋消。惨淡而无光芒的太阳从浓云间隙里泼下铅样重的热气，令人喘不过气来。时近傍晚，气象骤变，顷刻间狂风呼啸，雷电闪击，海上一片惊涛骇浪，海浪拍向艇首，砰然作响，瀑布似的海水漫上甲板。有时整个艇的头和尾都淹没在奔流的雪白泡沫里。

总教习葛雷森下达旗语："编队航向右转 30 度，顺浪航行！"

此时，编队已抵海洋岛东端约 2 海里处，此海区多暗礁险滩，向右转舵似有不妥。邓世昌刚意识到可能有危险，突然，"嘭"的一声巨响，"镇南"艇真的触了礁！全艇官兵立即出现了惊怕和慌乱的情绪。

邓世昌神态镇定，目光沉毅，指挥沉着，他当即下达命令：

"损管队堵漏！全艇人员不准乱动！"

"左退一！右退三！"邓世昌下达了这样特殊的用车令，让炮艇产生后退力的同时有一定的扭转力，而不是单纯用两车齐倒以致破损扩大，这一着果然奏效，"镇南"艇"旋即出险"。

由于邓世昌指挥正确，艇体所受的破损较小，浮力没有大的影响，"镇南"艇稍减低航速后安全开回旅顺港检修。

这件事的责任应该具体客观地分析，即海图是否完善、精确（注明水深和暗礁所在等），编队指挥员规定的队形、选定的航线是否正确，下达的指令是否得当，艇长操纵是否偏离航线等，一般说来，管带和编队指挥官都有不可推卸的责任。但是葛雷森不敢承责，推诿过失，片面地自写报告。清政府偏信洋人的报告，竟将邓世昌撤职，由洋教习英人章斯敦接任。不久彻底弄清了事实真相，就很快让邓世昌复了职。但邓世昌以此为终身之借鉴，此后十几年，在舰艇操纵上再也没有出现过大小事故。

航海要求航海者运算细心缜密，作风认真严谨。常说的"差之毫厘，失之千里"，在海上航行来说，是再也恰当不过了。海图上稍出点差错，在实际航行中会偏离几百、几千甚至上万海里。由于海上航行及海上作战责任重大，故对舱面指挥军官的航海工作提出了必须严肃认真，绝不能粗枝大叶，更不能有半点虚假的严格要求。如果不是这样，就可能发生航海事故，甚至在海战中贻误战机。航海作风专指一个人在航海工作中表现出来的一贯态度和持久风格，一经形成之后就会变为稳定的行为方式，成为促进航海工作规范化进程的无形动力。在这方面，邓世昌从船政学堂求学时，就接受外师的谆谆教诲，并努力在实践中点滴养成，可称典范。

第二节　荣调北洋平乱朝鲜

在清政府决定组建"三洋"舰队之后，邓世昌调到防守津门要地的北洋舰队任职，后屡建功勋。这首先应归功于马建忠慧眼识英才，是他在考察后竭力向李鸿章推荐。

马建忠（1845—1900），字眉叔，江苏丹徒（今镇江）人。马建忠出身书香门第，但他不走当时知识分子传统的科举道路，而转学"洋务"。他希望通过学习知识，特别是西方知识，为中国富强寻求一条道路。

十几年后，一心向上的马建忠在学习上取得了很大的进步。他不仅古文基础好，还掌握了英、法、希腊、拉丁等外文。他读书的面很广，内外政史、地理、数理化、生理、植物等无不涉及。后来，他阅读西方哲学方面的著作，也能比较深刻地理解其内容。当时，像他这样中、外知识都很丰富的人是不多的。李鸿章发现后，就把他收入幕府。

1879 年，清朝直隶总督兼北洋大臣李鸿章兴办北洋海军，派马建忠去考察、招收水师人才。马建忠奉命前往福建，听到了各方面对邓世昌的赞誉，并到邓世昌所带的"飞霆"号兵船察看，亲眼见到了兵船管理得井然有序，士卒训练有素，纪律严明，对此马建忠给予很高的评价。马建忠还多次与邓世昌交谈。马与邓年龄相差 4 岁，两人志同道合，意气相投，一见如故，成为知己。邓世昌对马建忠的学识与见解也很钦佩。

马建忠经过考察之后，向李鸿章汇报，并推荐邓世昌，说他"熟悉管带事宜，为水师中不易得之才"（《番禺县续志》卷二三，《邓世昌传》）。李鸿章也是识才之辈，加之此时他正在扩大自己的势力，打着"求贤若渴"的招牌收罗人才，有邓世昌这样出类拔萃的管带，当然是乐意招于麾下，于是便将他调到北洋海军，任职"镇南"炮船。

邓世昌调入北洋舰队之后不久，就在平定朝鲜动乱事件中立下了功勋。这件事，在《番禺县续志》卷二三中有简略的文字记载：

八月，朝鲜国内乱，署直隶总督张靖达公树声，奏调浙江提督吴长庆率师东渡，命世昌以兵舰运送之。世昌鼓轮疾驶，迅速异常，迳赴仁川口，较日本兵船先到一日。比日舰载兵而来，我军已自仁川整队，迳入朝鲜国都城办理竣事。日兵后至，争门不得入而罢。奉旨邓世昌著免补都司（清代绿营军官，职位次于游击，分领营兵），以游击（位次于参将，分领营兵。相当于尉官）补用，并赏给勃勇巴图鲁（按：满语勇士）勇号。

这次成功的军事行动，使日本想借机扩大侵略的阴谋未能得逞，不论在外交上还是在军事上，清政府都打了一场漂亮的主动仗。此事与后来在 1894 年，李鸿章与袁世凯等人处理朝鲜肇乱事件，无论在外交还是在军事斗争中的种种蠢举和失策，简直有天壤之别。

此事发生在 1882 年，即在甲午战争爆发的前十二年，当时能顺利解决，是与薛福成的积极建议和马建忠的临危制变有密切关系。

朝鲜这一次发生内乱时，正值李鸿章母亲病故，回合肥奔丧、丁忧。在此期间由淮军将领张树声代任总督。张树声虽是淮军名将，但他决策、处理复杂的国际事务显然缺乏能力，于是派遣马

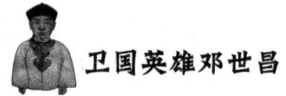

建忠到合肥请示。当马建忠到了上海后，闻知朝鲜局势恶化，薛福成上书提出迅速出兵平乱的建议。马建忠当机立断，不去合肥，返回天津，说服张树声采纳薛福成的意见，并亲自到威海，敦促丁汝昌立即派舰前往。

薛福成在 1882 年 6 月写的《上张尚书论援护朝鲜机宜书》，详细地记述了当时的形势、日本的阴谋以及他力主的对策，此后还有一篇"补记"，对于我们了解这一事件的全过程颇有教益和启示。特别是从这篇补记里可以充分看出军情的紧急和当机立断的必要。日本军舰比中国军舰至仁川"仅迟半日耳"。真是兵法中所讲的"兵贵神速"。战略指挥员的先见之明和远见卓识固然是十分重要的，但还需要战术指挥员坚决贯彻其意图。

邓世昌驾舰护送广东水师提督吴长庆所部赴朝，援助朝鲜抵抗日本侵略者。他在执行这次战斗任务中，驾舰"鼓轮疾驶"，争门先敌，既体现了官兵平时训练有素，更体现了执行命令的坚决和完成军事任务的迅捷。其主要原因是：邓世昌管带下的军舰平时保养很好，机械和军事装备都处于战备状态，所以军舰的速度与接舰初期相差不大。因为军情紧急，他要求全舰官兵严守岗位，尽心尽责，不出丝毫差错，及时排除故障，从而充分发掘了军舰长期高速航行的潜能，比预期的时间提前到达仁川港。"致远"

舰比日本军舰先到，不仅入朝鲜国都"办理竣事"，而且严阵以待。后至的日舰"争门而不得入"，只能无功而返。从而挫败了日本侵略计划。薛福成在补记的最后说：

"此事枢纽，全在赴机迅捷。"

他是怎么得到这个重要的军事情报的呢？原来是他的好友黎莼斋为出使大臣，驻日本，侦得确切消息后，急递密电。于是薛福成极力主张不经请示，立即派遣军舰前往，以争得先机。事实证明这一决策是完全正确的。薛福成说："余于是役颇盛称莼斋为首功。"只是可惜奏事匆促，没有来得及上报皇上，对其进行表彰，"然其功不可掩也"。（《庸庵文编》）

不埋没朋友之"首功"，堪称美德；情报得失与战事胜负息息相关，又是一个例证。

第三节　师夷之长受教英伦

邓世昌服从水师初建时缺少管带的需要，从福州船政学堂毕

业后，就开始带船，未能到欧洲留学深造。因此他十分珍惜去欧洲接船的机会，努力学习加以弥补。1887年他带队赴欧洲接"致远"等四舰，这是他第二次出洋。早在六七年前，他已经赴英接过舰了。

1879年，当四"镇"（"镇东"、"镇西"、"镇南"、"镇北"）驶抵大沽时，赫德专程前往天津接船，他向李鸿章推荐了阿姆斯特朗公司新制造巡洋舰的图样。图样介绍这种军舰"可保追赶碰坏极好的铁甲船"，所以当时又译称"快碰船"，造价65万两。李鸿章经向天津的法国海军军官咨询后，通过赫德电饬金登干购办。两舰长67米，宽9.7米，吃水4.3米，排水量1350吨，马力2400匹，首尾主炮口径为254毫米。清政府将此二舰分别命名为"超勇"、"扬威"。

1880年底，"超勇"、"扬威"两艘快船即将造成，于是，李鸿章派遣炮船督操丁汝昌、总教习葛雷森、管驾官林泰曾、邓世昌等航海赴沪，先在吴淞轮船操练，然后乘轮赴英验收。

早在船政学堂求学时，邓世昌就精心研究了魏源的《海国图志》，对世界地理和海洋学有特殊的兴趣和爱好。但过去学的毕竟在书本上，现在能有机会亲眼见识一下，正是他的夙愿。

此次出洋，邓世昌不仅扩大了眼界，而且由于潜心钻研，增加了学识，"益详练海战术"。

他利用各种机会游历英国的著名工业城市，看到了机器大生产的宏伟壮观场面。

他游历了英国海军的主要基地、港口，看到了一艘艘各种巨型战舰，如同蹲伏在波涛之上的狰狞怪兽，领略了世界上最强大的海军是什么模样。

他学习研究了英国皇家海军的规章制度和练兵之法，看到了北洋舰队在训练和管理上的巨大差距。

他学习研究了英国海军的发展历史，尤其是仔细寻找其称霸海洋一个多世纪的秘密。

他到了格林尼治，参观了英国皇家海军学院。这座旧日的王宫，如今是世界海军的圣殿。船史陈列室里模型铁舰、三桅帆舰，以至古老的单层甲板木船，浓缩了人类征服海洋和在海洋上进行过鏖战的历史。在回廊的墙上，他看到了英国历代海军将领的油画像，最著名的是曾数次击败拿破仑舰队和一举歼灭法西联合舰队，赢得特拉法尔加角海战胜利的纳尔逊。

邓世昌还专程去过伦敦的特拉法尔加广场（俗称鸽子广场），瞻仰了海军名将纳尔逊高大而逼真的雕像。

他认真考察西方海军情况，在参观英、法、德各国海军营垒时，悉心学习外国先进的军事技术和经验，将这些国家的军事装备和训练方法细心地加以比较，各取其长，为己所用。

邓世昌在学习研究中认识到，决定战争胜负的诸多因素，作战计划固然重要，但是更重要的是选择贯彻作战意图并能灵活指挥的将领。当年，拿破仑动员了强大的兵力，亲自制订了一个周密的进攻英国的计划，但他手下的维尔纳夫是个畏敌如虎、优柔寡断、缺乏信心的庸将，而英国的海军将领纳尔逊却是个足智多谋的奇才。

纳尔逊大胆提出一个与传统大相径庭的新战法。他预料法国舰队将依照传统作战队形排列，为了全歼敌方，他决定将自己的舰队分为三个编队，一个编队由他自己率领突击敌舰队中央，使其首尾不能相顾；另一编队由科林伍德指挥，利用帆船掉头困难，前卫驰援很慢的特点，突击后卫；预备队将在发现敌旗舰后发起进攻，一举打乱其指挥机关，迫使敌人陷入混乱。为了不失战机，他允许所属的舰长们在攻击方式上享受极大的自由。他只要求他们充分发挥勇猛顽强、主动进攻、敢于近战的精神。这种新的思想、新的战法，在海战史上是首创的。正因为有创新精神，终于取得了海战的重大胜利，一举打败了法西联合舰队，并使自己成为世世代代受英国公民尊敬的海军名将。

在世界历史上，葡萄牙、西班牙、荷兰、法国等国家都曾称

霸过海洋，但都是昙花一现，惟英国海军在同欧洲诸强的多次海战中不断发展壮大，长达一个多世纪一直是海洋霸主。其"谜底"是什么？邓世昌经过认真考察和研究，找出了主要原因。他在与协同接舰的副手陈金揆交谈时，提出了这个问题：

"金揆兄，你曾留学美利坚国，又到过欧洲诸国，见多识广，能否就英伦何能成为海军强国并长久不衰予以赐教？"

"邓兄提及问题，陈某虽亦有同感，只是未加深究，故无真知灼见，请兄启愚，余洗耳恭听之。"

"依吾之见，原因有五：其一是英伦乃工业革命先行者，为其建海军奠定了物质基础；其二是英伦视海洋和海上交通攸关生死存亡，必须有一支强大海军保护之，政府不惜巨款建造众多新式战舰；其三是从皇室到公民都崇尚海军，海军人员薪俸和待遇优厚，吸引了大批优秀人才；其四是杰出将领主宰战事，他们在关键性的战役中或是扭转危局，或是以少胜多，战功显赫；其五是战术、技术敢于革故鼎新，摒弃旧法，吾以为此乃英伦海军独领风骚之秘密也。未知金揆兄意下如何？"

"邓兄之高见启愚益智，令吾茅塞顿开，"陈金揆感慨地说，"吾大清国若能按邓兄之研究心得与高见建设海军，则必是国家有幸，苍生有幸！"

邓世昌在英国接舰的最大收获，是在思想认识上发生了重大变化。资本主义的欧洲，像一面镜子对比出封建专制制度下祖国的落后，无论从政治开放、经济发达、文化普及、风俗习惯、军事装备、军队的战斗力等方面，老大的封建帝国大清都是与人家无法相比的。怀有强烈民族自尊心的他，看到这些，怎能无动于衷，又怎能不为改变祖国贫弱的面貌而思虑！推荐他调任北洋舰队的马建忠，1877 年曾给李鸿章写过一封信，谈了到欧洲后的思想认识，他颇有同感。马建忠的信中写道：

初到之时，以为欧洲各国富强专在制造之精、兵纪之严。及披其律例，考其文章，而知其讲富者以护商为本，求强者以得民心为要。他如学校建而智士之多，议院立而下情可达。其制造、军旅、水师诸大端，皆其末者也。

邓世昌在这段话的旁边，写下了"诚哉斯言"四个字。

然而他也知道，变革政治制度，大刀阔斧地进行改革，他无回天之力。他能做到的，主要是如何带好兵、练好兵，履行一个军人对使命尽心、为祖国尽忠的职责。

邓世昌对英将纳尔逊、俄将乌沙科夫早就提倡将舰队分成若

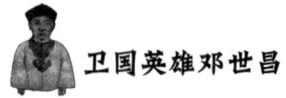

干战术群，互相配合，机动作战，非常赞赏。认为此种战法比排成横队、大炮决战的战术先进得多。因为这种阵式，整个队形难以保持，也不便机动。回国之后，他曾向丁汝昌建议过大胆改革阵法，然而北洋海军领导层仍死守陈规，致使在甲午海战中充分显示出严重后果。

邓世昌还着重研究了英国海军的规章制度。通过研究，他深刻地认识到一个有战斗力的军队，必须严格治军，把规章制度当作法规、铁则。在这方面，比他先出国留学的同学刘步蟾、林泰曾等感受也很深切。后来，即在1887年，北洋舰队自接铁甲舰"定远"、"镇远"，继而接巡洋舰"致远"、"济远"、"靖远"、"来远"之后，制定北洋舰队规章制度已成当务之急。刘步蟾、林泰曾等对北洋舰队装备不足、训练无方、自卫力差等情况，心急如焚。邓世昌也有同感，就积极鼓励他们为北洋舰队研制章程。刘、林根据留学时所学得的知识结合北洋舰队的具体情况，写成《西洋兵舰炮台操法大略》的条陈，上奏李鸿章，提出"非拥铁甲等船自成数军决胜海上，不足臻以战为守之妙"的发展海军的合理化建议。邓世昌也主张扩充海军力量，对列强采取积极防御的方针。可惜他们的意见未受到重视和采纳。

第四节　纽卡斯尔港的节日

1881年8月3日，"超勇"、"扬威"竣工，由驻英公使曾纪泽在英国纽卡斯尔举行中国巡洋舰的升旗仪式。在二百多名中国海军官兵和三十多位英国官员、制造商及女眷们的注视下，曾纪泽把龙旗冉冉升上了军舰的旗杆。水兵们鸣放了礼炮。真是激动人心的时刻。

自从1864年总理衙门奏定中国国旗为中画飞龙戏珠图的黄色三角旗后，挂着这面旗帜的舰艇只在中国沿海和东亚、东南亚地区航行过。现在此旗却在英国本土上高高飘扬。原先中国订制英国军舰，都雇请英国官兵升英国旗驾驶来华交接。这次派丁汝昌、林泰曾、邓世昌及英国总教习葛雷森、教习章斯敦率领三百名官兵前往英国接舰，也是一件空前的壮举。

1881年8月17日，英国纽卡斯尔港洋溢着一片节日气氛。"超勇"、"扬威"两舰今日要放洋启程。纽卡斯尔市议会还在丁汝

昌率军舰离开之际，发来一份祝词：

　　曾纪泽公使并大清国海军丁汝昌督操：值此贵国海军将士驾舰离港归国之际，请接受我们诚挚的祝贺。多年来，贵国资质聪明之海军军官多人在我皇家海军学院深造，成绩优异，此次又在阿姆斯特朗公司购置新型巡洋舰，冠名"扬威"与"超勇"，由我国教习与贵国将士协同驾驶回国，此乃英中两国合作与亲善之体现，必将增进两国和两军之友谊。相信新舰到华之后，必将扬威慑敌于东亚，超勇驰骋于海战，为贵国海军倍添荣光。祝万里海程，一路顺风。

大英帝国纽卡斯尔市议会

公元 1881 年 8 月 17 日

　　"超勇"、"扬威"从纽卡斯尔港启航，开始了由英国到中国的漫长航行。这是中国人首次驾驶军舰航行北大西洋—地中海—苏伊士运河—印度洋—西太平洋，经过的沿途各国，始知中国也有海军，均鸣礼炮致敬，这就大大扩大了中国的国际影响。

　　此次清国水师首次到国外接舰，派出的操舰管带无疑是整个水师中最出类拔萃的。林泰曾操纵"超勇"舰，邓世昌操纵"扬威"

舰。"超勇"、"扬威"两舰回国途中经历了惊险曲折。先是在地中海两舰失散，"扬威"因缺煤而在海上漂流了两昼夜，"超勇"获讯后去寻找接济。过苏伊士运河时，"超勇"的螺旋桨又触礁碰坏，经修理才继续航行。至10月15日，两舰终于到达香港，历时61天。之后，驶入江南制造总局，进行坞修。

在上海经过整修后，"超勇"、"扬威"于11月22日驶抵大沽口。

11月24日，李鸿章到大沽口视察验收两舰，并另两舰前往旅顺。途中虽遇冰雹和雪，但照常航行。李鸿章乘坐"超勇"舰，航速达到15节，他颇为满意。他将该舰特点归纳为三条：船小、炮大、行速。"船小则不甚昂，炮大则能卸铁甲，行速则易于进退"。然而，经过使用，发现军舰前后主炮过大，遇风颠簸，难于取准，初次巡海，尚能达15～16节，久则滞涩，仅驶12～13节。

实践证明，这两艘巡洋舰实际上性能不佳，缺乏战斗力，以致在黄海大战中成为累赘和最早的牺牲品。这是李鸿章在购此舰时出于不给南洋"分羹"，为一己私利宁愿买已经落后的舰所造成的恶果。

清廷给予接舰有功人员以奖赏，赏林泰曾"勃勇巴图鲁"勇号，以参将补用；赏邓世昌戴花翎，以都司补用。

1887 年，李鸿章奏派邓世昌等四人出洋带船时，世昌遂以营务处副将衔参将兼"致远"管带。

已经是第二次出国接舰带船的邓世昌，此时已被大家公认是一个"西学湛深""精于训练"的海军专家。舰艇远航训练是海军官兵的必修课。北洋水师由于舰艇吨位较小，训练经费不足，平时一般都在家门口转悠，很少进行远航训练，特别是到深海大洋中去摔打。

远航训练是单舰或舰艇编队远离港岸进行较长时间航行的训练。目的是提高舰艇或编队的战斗活动能力，检验舰艇航行的精确性、武器装备和技术器材长时间运转的工作状况，培养舰员海上吃苦耐劳精神和生活习惯，锻炼指挥机构和各级军官的组织指挥能力和后勤支援保障能力，是舰艇部队提高战斗力的必修课。

正因为如此，邓世昌认为，接舰实际上是不可多得的最好的远航训练，所以每次回国航行途中，都积极组织海军将士认真进行海上训练。清人余思贻，是清国驻英大使馆的官员，颇有文才，他随舰回国后写了本《楼船琐记》，共两卷，现存的有 1901 年的石印本，真实地记录了邓世昌及其他北洋水师将领带舰回国的各种情况和见闻，是今天我们研究邓世昌及"致远"舰的重要的第一手历史资料。

《楼船琐记》中记述了邓世昌在归途中因劳累过度,发了寒热。副管带陈金揆主动提出代替其操舰,请其静心养病,以便早日康复。邓世昌充分领会和接受了同事的好意与关心。陈金揆也是留洋学生,无论在理论与实践方面都是出类拔萃的,也有独立操船的能力,从技术上来讲,邓世昌是放心的。但是邓世昌对自己要求很严格,作为管带,不论在何种情况下,都要对全舰的安全负全部责任,要坚守自己的岗位。于是,他撑着虚弱的身体,一步一步艰难地走上驾驶台,"扶病监视行船"。不仅如此,他还带领全舰官兵在沿途进行不间断的各种操练,"终日变阵必数次"。操练的内容和科目,完全是实战可能发生的,符合战斗的需要,并且要求正规化:"时或操火险,时或操水险,时或作备攻状,时或作攻敌计,皆悬旗传令。"在邓世昌以身作则的激励下,舰上将士"莫不踊跃奋发,无错杂张皇状"。(余思贻《楼船琐记》,卷上)

他要求操练,"不特各船将士如臂使指,抑各同阵各船亦如心使臂"。因此,正如《朝警记》一书中所称道的:"邓军门督率诸艺士,使船如驶马,鸣炮如鸣镝,无不洞合机宜。"

卫国英雄邓世昌

第五节　指挥若定排除险情

　　舰艇在服役过程中，经常在各种复杂气象和海区航行，因为战斗和事故，造成舰艇进水、失火、武器装备破坏等灾害，虽是难以避免，但毕竟会直接影响舰艇战斗力。而充分发扬舰员的主观能动作用，采取积极措施来预防、限制和消除灾害，则能保障和恢复舰艇战斗力。这种保障和恢复舰艇战斗力的行动称为舰艇损害管制（简称"损管"）。损管的主要内容有：防火、防爆与灭火；防沉和抗沉；保障武器装备正常工作。作为舰艇指挥官，不仅自身要具有临危不惧、沉着冷静、果断处置的心理素质与能力，而且在平时要作为训练科目，组织官兵经常操练，使他们达到能英勇顽强地进行损管，迅速而有效地消除舰艇损害的影响，以保障舰艇的安全和作战机动能力。

　　舰艇遇到险情，是对每个指挥官最实际的考验。在这个关头最能看出此人有没有将才的气质与素养。宋朝苏洵在《心术》中说：

"为将之道，当先治心。泰山崩于前而色不变，麋鹿兴于左而目不瞬，然后可以制利害，可以待敌。"将才的智勇，最主要的是表现出敢于负责的勇气。如果一遇到危险和紧急情况，就惊慌失措，必将危及全舰的安全和导致战斗的失利。在这方面，正反面的教训不胜枚举。

《楼船琐记》一书还记述了邓世昌训练海军时表现的性格和精神风貌。据载，他接舰回国航行到西班牙水域时，某次他和下属官兵一同乘舢板离舰操练。在返回时"适逢风大涛急，波浪扑上舟内，衣袂尽湿"。与时操纵如果稍有不慎，就有覆舟葬身大海的危险。

邓世昌临危不惊，泰然处之，应对自若，他目视浪涛涌来的方向，挺身上前，对船上乘员说："诸位不必担心，坐好勿动，保持稳性。"

接着他亲自把舵，斜迎着涛头，排浪前进，绕到"致远"舷侧，逐渐接近，在剧烈颠簸中，看准机会，迅速驾舢板靠上军舰。

登舰后，"同船者之衣皆滴水不止，真是与狂涛骇流争生命于顷刻之间"。

在军舰经过印度洋的过程中，有一段是"南北潮头汇集之处，……潮头激撞，有高至数十丈者"，非常惊险。这时，邓世

昌虽然正在生病，但他不依靠洋员，亲自登上驾驶台指挥，从而使军舰顺利通过险区。

临险情而气静，处大事而心定，这是对将帅心理修养的一种高境界的要求。舰艇编队在过地中海时，一天晚上，"致远"舰的烟筒突然冒火，火光冲天，大管轮（相当于今天的轮机长）立即向邓世昌报告。

邓世昌立即从驾驶台转过身来，观看了火情，向大管轮质询道："是何原因，导致烟筒冒烈焰？"

大管轮回答："原因不明。"

邓世昌对其回答不甚满意，但此时他没有再加以责备，而是冷静地进行思索。

邓世昌经过观察分析后判定："烟筒有火，因添煤过多，致腾烟焰。"

他胸有成竹地下达命令："关火门，塞灰洞。"

炉舱官兵根据邓世昌的指令，迅速关闭了火门，停止了进煤。不一会儿，火焰消失。

这次准确地判断事故成因，果断下令，排除险情，使全舰官兵对邓管带的技术、胆识与能力无不心悦诚服。

第六节　直布罗陀救助华工

　　1888 年初春，邓世昌驾驶"致远"舰，与同时回国的林永升所驾的"经远"舰，沿着风急浪高、波涛汹涌的大西洋东岸南下，至西班牙伊比利亚半岛南端向东转舵，进入了重要的战略要地直布罗陀海峡，并徐徐靠上码头，准备进行短期休整和补给。

　　挂着黄龙旗的大清帝国海军巡洋舰编队的到来，在当地产生了很大影响，码头上观者如堵。突然一阵骚动，原来是八个衣衫褴褛的中国苦力，挤进人群，直奔码头上停靠的"致远"舰。值勤的士兵挡住了他们，令他们远离军舰。而八个佣工苦苦哀求一见管带，恳求搭救他们回国。大副陈金揆了解情况后，立即向邓世昌报告。邓世昌闻知此事为之动容，传令让他们上舰到司令官厅叙谈，待之以礼。

　　八个佣工见到邓世昌后，"扑通"一声齐刷刷地跪下，连连磕头呼曰："邓大人，救命啊！邓大人，救救小人啊！小人只求

卫国英雄邓世昌

尸骨还乡……"

邓世昌一时弄不清他们这一举动的缘由，就亲切地说："快起来，快起来，有话慢慢说。"

佣工们见到头戴花翎的邓世昌，如天降救星；又见他如此随和亲近，不觉泪流满面。

"听口音，诸位是广东人吧？何由来此，遭此困境？"

"是的，小人都是广东人，是被西班牙人贩子当作猪仔，骗掳到这里来做苦工的。"

"来此多久？"

"二十余年矣！"

"掠卖人口之人要你们做何苦工？"

"邓大人，小人在此干最苦最重的活，天天出的是牛马力，吃的是猪狗食，住的是暗无天日的地狱，真是苦不堪言啊！"

"工满佣资亦可自给，何以一寒至此？"

佣工们泣诉曰："杂费甚重，佣资止敷缴官，是以食不饱，寒无衣。"

听了佣工们的这一番血泪控诉，邓世昌久久沉默无语，对他们"食不饱，寒无衣"的悲惨境遇非常同情。他知道，军舰是不能随便带人乘坐的，尤其让琅威理知道，不但肯定不允许，还要

追究责任的。但骨肉同胞在海外处于如此悲惨境地，怎能不搭救他们呢？

他毅然决然地说："诸位请放心，我们一定携带你们回国与家人团聚。"接着他指示大副陈金揆，在仓库里找八套兵丁工作衣让他们换上，找一舱室让他们单独居住，并嘱咐他们在舰上勿乱走动。

邓世昌之所以不惜冒被处分的风险，要带这八名华工回国，是因为他深知帝国主义者在中国的广东、上海等沿海地区贩卖猪仔的令人切齿的罪恶行径由来已久。

鸦片战争之后，中国人的价值，已贬到不能再低的程度。中外人贩子能买到最廉价的奴隶，雇到最低贱的苦力。上海成为世界闻名的猪仔市场、苦力市场。1849 年从上海开出的"阿马拉"号轮船，运载了 200 名苦力，他们是美国加利福尼亚州第一批华人集体移民。在此之前，加州只有 3 名华工。两年后，华工即达25000 人，其中不少是上海人。英语"上海"一词在那时的含义就是使用暴力，借助麻醉品将人运到国外。来沪的外国水手，有时上岸带一只大布袋，把可以绑架的华人连头一罩，扛在肩上就算他的货了。在上海，这种绑人为奴运至海外的罪行，曾闹到市人、乡人不敢独行的程度。

19世纪中期，"猪仔贸易"急剧发展，争相参与的有英、美、法、荷、意、西、葡等殖民主义国家。他们公然在中国沿海城市开设贩卖人口行，以招工为名，进行诱骗，甚至用绑架等手段，拐掠中国劳苦人民出洋。澳门、香港、厦门、汕头等地，成了外国人口贩子掠卖华工的基地，随后扩展到天津、秦皇岛、烟台等地。

据不完全统计，从1845年至1875年，被拐卖的华工总数不下于50万人。在19世纪后半期，达到了250万人。（到了20世纪20年代，世界各地的中国苦力竟有1200万人这个数字还不包括途中死亡者）。帝国主义从贩卖华工的肮脏贸易中获得了惊人的暴利，一个外国人贩子用1万元的成本，可购买、输运180个华工，从中可以净赚8万元。

而被殖民者残酷掠夺的华工的遭遇，则是异常悲惨。他们被剥光衣服，赤身裸体，在胸前打上或涂上C（古巴）、P（秘鲁）或S（桑德维奇群岛）字样，被装入令人窒息的底舱里运走。装运华工的外国船只，被人们称为"浮动的地狱"。华工登船后，就被赶入夹层统舱，装有铁栅的舱门随即紧紧锁上。舱内拥挤不堪，空气污浊，令人窒息。在数万里的长途航行中，从不给吃饱，淡水每次只准用细竹管吮吸几口，有人因实在口渴难忍，多喝了几口，竟被贩运者活活打死。非人的待遇，致使很多人在途中被折磨而死。

据统计，当时运往古巴的中国华工在海上航行中的死亡率平均为 15.2％；运往秘鲁的达 30％。那些受尽折磨而登上彼境的幸存者，则又陷入了一个新的地狱。到达拉丁美洲后，他们被剥光衣服在市场上排列成行后出卖，而后进入工场，当牛做马。

总之，鸦片战争之后，因西方资本主义侵略而惨罹破产的农民、手工业工人，在自己的祖国连出卖劳动力的市场都找不到，为生计所迫，只好离乡背井，与被拐骗出洋的契约华工一同沦为西方资本的奴隶或雇佣劳动力。他们出国的原因之一是由于"国内实业未兴，贫民生计日蹙"。被大量当作"猪仔"贩卖的那些沿海地区还经历了一个由"男务耕耘，女勤纺织"到"男多出洋，女司耕作"的变化。显然，这华工出国做佣为奴，反映了西方资本主义国家惯于贩卖奴隶牟取暴利的传统与罪恶，也从一个侧面说明了鸦片战争之后中国沦为半殖民地的过程及惨状。

邓世昌以深切的感情解救华工，绝不是偶然的，是他立志图强、救国、救民思想一以贯之的表现。如前所述，他在少年时代，曾挺身而出，在上海与殴打中国老百姓的外国巡捕论理；他对劳动人民出身的人都充满爱心。

余思贻的《楼船琐记》中，还记述了在过印度洋时，有一名姓张的水手病故之事。按规定："病故者，近岸处必葬于陆，毋投入海，如距岸远，则亦无可如何。"当时，军舰离海岸尚远，又因英人琅威理为提督衔总理出洋接船事宜，若将水手病故之事向他报告，"必令沉于海"。"致远"舰上的水手们都向邓世昌苦苦恳求，请邓大人"咸代恩乞，毋投入海"。

邓世昌明知如果不将此事报告，将尸体暂留舰上，是违反规定的，但他又是个很重感情的人，便说道："张君与吾及众弟兄同舟共济，此次赴欧接舰，劳苦功高，今日不幸病殁，吾怎忍心将其抛尸大海，葬身鱼腹？然此段海程离靠岸尚有时日，琅副将得知，岂能允诺？"邓世昌说到这里，颇感为难。但他语气坚定地说："邓某今日遂众弟兄之愿，不将张君投入洋中，责任由吾承担之。"

邓世昌说完这段话，在场的"致远"舰上水手、炮弁不约而同地磕头，并齐呼："叩谢邓大人恩典！"

于是，按照中国的传统习惯，邓世昌"亟令木匠备棺以殓"，将其置于舰尾的一个空舱里，直到军舰靠岸之后，抬上岸安葬于陆地。

第三章

从严治军钦赏勇号

第一节　忠国尽孝难两全

邓世昌从小受的是"忠孝""节烈"的传统教育，所以在他短暂的一生中，无论平时待人处事还是在危急关头，处处表现出忠孝气节统一于爱国大义的崇高精神和品格。正如胡秉镛在《挽诗》中赞颂他的"一朝克遂平生愿，移孝谁知即作忠"。

1883年底，法国挑起了中法战争。第二年秋天，法军瓦解了福建海军，攻陷台湾北部的基隆要塞，福建、台湾的战事吃紧，清廷命令北洋海军派舰增援。

其时，邓世昌担任北洋海军"扬威"舰的管带，接到命令后立即驾舰前往台闽海域，准备御敌。

这一天，"扬威"舰停靠于厦门军港，正在加煤添水，备战出航。恰在这时，军港码头来了一个身着孝衣、满面倦容的人，不顾一切地要往舰上闯。兵勇拉住他，想给这个不懂规矩的莽撞之人以惩罚。这时，身穿孝衣的人大声说道：

"邓大人的大父去世了，我来报丧，主人令我与邓大人立即回家！"

兵勇一听，深知此事轻重，立即领他上舰禀告。

邓世昌接到了祖父（大父）去世的报丧后，想到国家临难，家庭不幸，心情十分沉痛。从18岁就离家的他，早年在家里就十分孝顺祖父和父母，从军之后，只在1871年抽空回过一次广东番禺老家探望祖父和双亲。如今已有十多年未见他们慈祥的容颜了。得知祖父去世，他心里很难过，本来也应该去奔丧，但想到军情紧急，加之有父亲料理后事，就把悲痛埋在心头。于是就请仆人带回一些银两和他所写的一副哀悼大父的挽联，自己率舰出航了。

真可谓"福无双至，祸不单行"。不久，邓家的仆人又跑来了，刚巧又碰到了上次拦他进港上舰的兵勇，见他仍是这副模样，就骂道："丧门星，你又来干什么？"

"弟兄啊，别这么说，我们邓家倒霉啦，邓大人的父亲也病死了！"

兵勇一听也怔住了，慌忙通报。

邓世昌一见仆人又来，仍是这副模样，顿觉大事不好，急切地问："又怎么啦？"

仆人跪哭在地，泣不成声地道："大老爷办太爷丧事，操劳过度，悲痛难节，旧病复发，前日也归天了！"

邓世昌一听父亲去世的噩耗，如五雷轰顶，几乎昏厥过去。天生至孝的他，此时此刻怎能不心痛欲裂呢？稍为苏醒，就放声大哭，在场的人无不为之动容。

此时此刻，他是多么想立刻奔到父亲灵前，为父亲守丧，来弥补自己多年在外从军而未能尽的孝心，以报答老人的养育之恩啊！按照时俗与礼制，他可以请假离军回家尽孝的。邓世昌决意向提督衙门辞职归里，守灵丁忧。

营务处将此事报告了丁提督，很快，提督府回电："惊悉邓管带尊父仙逝，深表哀悼。奔丧丁忧，尽人子之孝，合情循礼，天经地义。只因军情紧急，邓管带职事无人可以替代，望以国事为重，移孝作忠，忍悲节哀……"

此后，又有数电慰告邓世昌，"谆切谕留"。丁提督还向邓府发了唁电。

深明大义的邓世昌懂得，自古忠孝难于两全，家国难于双顾，军人要以国事为重，在国家有难、军情紧急之际，岂能临阵回家为父守丧？他说："战场无勇非孝也。"就把悲痛埋在心底坚持为保卫国家驾舰巡御海上。

此后几年,他总面带哀容,多次手书"不孝"之憾,以寄托哀思。

《邓壮节公事略》中对这段经历作有记载:"公天性至孝。光绪甲申,我国与法龃龉,公随舰防御。遭大父及父丧,不得归居礼丧,终身引为大戚。"

邓世昌的三个儿子在其父殉国后所撰写的《哀祭先严》中这样写道:

光绪十年,法越构衅,先严奉檄防堵,适遭曾大父景能公、先大父端甫公丧。先严得耗,哀号欲绝,即恳辞职归里。只以军务吃紧,迭奉大宪谆切谕留。不得已,勉在营次守制。而哀毁之形,三年如一日,尝手谕不孝等,以忠孝未克兼全为憾。

邓世昌不仅自己是忠孝节烈的典范,还褒奖部属这样做人。"遇忠孝节烈事,极口表扬,凄怆激楚,使人零涕。"

司马迁的外孙杨恽在《报孙会宗书》中说:"故道不同,不相为谋。"邓世昌与北洋海军中某些同学、同僚、上司感情疏远,关系不融洽,除了畛域、派系因素外,更有道德观念、思想品质方面格格不入的原因,他是绝不会与"不认抱养父母"的不孝之徒结为知己的。

毋庸讳言，邓世昌的爱国主义思想与他的忠君、守节思想是交织在一起的。这是由于历史的局限和阶级的局限所致，我们不可苛求于前人。类似的局限性，在所有古代的或近代的杰出人物身上都是存在的。这丝毫不能影响他的英名和光辉。

第二节 马江惨败船政毁

在中日黄海大战前十年发生的中法马江之战，其经过之反常，下场之悲惨，已经预示了北洋舰队必将面临的全军覆灭的命运。

法国同英国一样，都是老牌的殖民帝国。19世纪后期，法国侵吞越南，并想以此为跳板，进而指染中国西南地区。这是法国新一轮殖民扩张的主要目标。

1883年12月11日，刚刚上任两个月的法国远征军司令孤拔，率6000多名法军，10余艘炮舰，数十只民船，500多辆满装弹药的军车，从河内出发，分水陆两路向山西进发。从此时起，中法战争实际上已经开始。在国难当头的危急时刻，以慈禧为代表

的清王朝统治者，不是把主要精力用于军国大事，不去考虑如何取得战争的胜利，而是乘机排斥异己，除掉政敌，导致权力中枢的重大变动，贻误战机。因而使法军步步得逞，最终确定了法国对越南的殖民统治。

侵略者贪心如溪壑，得陇必望蜀。唇亡齿寒，越南沦为殖民地后，战火立刻烧到中国本土。1884年8月4日，法国远东舰队副司令、海军少将利士比率军舰两艘和法军400余人闯进基隆港。遭到清军曹志忠部的顽强抵抗，法军损失官兵百余名。利士比不得不率舰撤离。法国政府看到基隆一时难以得手，命令远东舰队全力进攻马尾，威胁福州。

马尾位于福州东南，闽江下游的北岸。这里水深港阔，是舰船停泊的天然良港。闽江入海口岛屿密布，礁石林立，航道险恶，无熟悉水情之人引航，舰船难以驶入。从闽江入海口到马尾港长30余公里，地势险要，重重锁钥，易守难攻。进入闽江后，长门和金牌两山南北对峙，形成峡谷，江面仅宽380多米。清军在两山分别筑有炮台，配有克虏伯大炮和旧式火炮共30多门。福州将军穆图善常坐镇于此。

闽安是第二道要塞，与江南岸的象屿夹江对峙，山谷绵亘十余里，水宽不过300米左右。清军在此修筑明、暗炮台多座。

马尾是第三道要隘。这里既是福建水师的基地，又是左宗棠创办的福州船政局的所在地。清军在附近山上均设置炮台，拱卫港口。

福建水师是当时全国三支海军之一。中法战争前夕，这支海军已拥有舰船 20 余艘，总吨位 2.2 万余吨。驻守马尾军港的福建水师共有舰船 11 艘，排水量近万吨。虽然闽江两岸火炮性能不好，但清军如能充分利用有利地形，舰炮和岸炮互相配合，外国舰船要想驶入马江是非常困难的。

本来，《万国公法》规定："兵船与陆兵不同，凡经过地方出入海口，各国皆不得阻拦。所在官司妥为保护，以全友谊。或因有事须封海口，或指名某国兵船不准入口，必须先行布告，或明立公约，方能禁止。"（《边事续钞》卷八，台北，文海出版社影印本，第 10 页）在中法已经交战的情况下，军事要地绝对不能让敌方进入是理所当然的。但是，从清廷到疆吏，都不想与法国扩大战争，企图以妥协讨好法国，期望谈判取得成功，因此只片面地承认法舰有驶入闽江口的权利，却不敢运用国际公法布告禁止法舰驶入闽江口。早在 4 月间，李鸿章致闽浙总督何璟电即称："各国兵船应听照常出入，惟法船进口若只一二只，尚未明言失和，似难阻止。"法舰炮击基隆，战火已烧到中国本土，在这种情况下，

清政府完全可以按照国际公法，名正言顺地禁止法舰驶入闽江，却未能做到。于是，孤拔就率远东舰队以"游历"为名，陆续驶入马尾港口。令人费解的是，除先头的一艘炮舰因不熟悉航道，在闽江的入海口搁浅沉没外，其余法舰非但未遇到麻烦，反而得到了清朝官员的殷勤款待。8艘法国军舰及两艘鱼雷艇，居然得以与福建水师舰船同泊于一个军港。此外，远东舰队还有两艘军舰泊于长门要隘，以阻止清军封锁闽江。另有两艘军舰则在闽江口外的马祖澳附近海域游弋。

闽江似乎成了法国的内河，马尾好像成了法国自由港。按照国际惯例，外国军舰入港，数量一般不超过两艘，停泊时间则不能超过两周。然而，法国军舰10余艘，居然在马尾港停泊达40天之久，且清政府迟迟不采取切实有效的防范措施，这在中外战争史上，恐怕是绝无仅有的。引狼入室，与虎同榻，究竟有什么结果？

在法舰已驶入马江并与福建水师同泊一处的情况下，清军若要取得胜利，唯一的选择是采取先发制人的战略。

然而，清政府却一再强调不能"衅自我开"。它虽然要求前线各军"严阵以待"，却又规定如法军按兵不动，我亦静以待之。也就是说，清军只有在法军已发动进攻的形势下，才能采取后发制人的措施。

清政府实际上已把战场上的主动权拱手让给了法国远东舰队，任其在经过充分准备后对福建舰队发动突然袭击。

朝廷如此昏庸无能，但是如果前方统帅处置得当，尚可减轻清政府错误决策的严重后果。但坐镇前线的何璟、张兆栋、何如璋、张佩纶等官员，却无一人能担此重任。

何璟，广东香山人。同治九年（1870）任福建巡抚，光绪二年（1876）又任闽浙总督，至中法战争爆发，已在福州经营多年。何璟不懂军事，而且又缺乏为国献身精神，他平时相当一部分的时间和精力，用于念经、拜佛、抽大烟、沉溺女色。

时任福建巡抚的张兆栋，更是懦弱无能，遇事推诿。何璟、张兆栋始终认为，中法之间不会爆发大规模的武装冲突。在中法关系已很紧张的情况下，他们仍未认真筹备海防。因唯恐惹怒法国人，积极主张欢迎法舰入马尾港。

何如璋，字子峨，广东大埔人。同治进士，选庶吉士，授编修。以热心洋务为李鸿章所赏识。光绪二年（1876）以侍读任命为清政府驻日副使，次年升公使。1880年回国，在京供职。1883年10月为督办福建船政大臣。他秉承李鸿章避战求和旨意，对法国舰队入马尾港，不加阻拦和戒备，反而严令福建水师不许"妄动"。

张佩纶，直隶丰润（今属河北）人，字幼樵。同治进士。1875 年擢侍讲，后入李鸿章幕府，1882 年署都察院左副都御史。他与宝廷、吴大澂、陈宝琛等人，号称"清流派"，实际上是个色厉内荏的"清谈派"。针对法国对越南的侵略和对中国西南边疆的觊觎，张佩纶曾上奏章十余篇，竭力主战援越抗法。在此期间表面上看好像与李鸿章有一定矛盾，但他对李鸿章力保和局的主张也是不敢违抗的。他在马江战败受革职充军处分不久，却成了李鸿章的乘龙快婿，他与李鸿章非同寻常的关系从中可见一斑。

诸葛亮曾说："夫将者，人命之所悬也，成败之所系也，福祸之所倚也。"如此四位峨冠博带之清将在前线指挥战争，"人命"、"成败"、"福祸"托付于谁？

7 月 3 日，张佩纶乘坐军舰抵达福州。船政大臣何如璋率领员弁绅士在码头恭迎钦差。与何璟、张兆栋、何如璋比较起来，张佩纶虽是后进，却是新贵，又有李鸿章做奥援，所以大家对他恭恭敬敬，把大局全托"幼翁"主持。

张佩纶抵达福建前线后，与何如璋一起，对福建尤其是马尾的防务做了一定的准备。他们曾向清政府提出"塞河阻江"的建议，也曾电请清政府从南、北洋及浙江、广东等地派舰船增援福建。但是，在这些建议未被采纳的情况下，张佩纶也就显得毫无办法了。

实际上，张佩纶等人面临的一个棘手问题是，在法舰已驶入马尾，清军又不可能首先发动攻击的情况下，如何取得战争的胜利，或者说把损失减小到最低限度。这就需要指挥官有胆有识，精心组织，充分准备，高度警惕，临危不乱。然而，张佩纶根本不具备这些素质。他到马尾后，所做的战争准备，主要就是把福建水师的舰船集中起来，与法舰近距离锚泊，自称这是"背水布阵"，置之死地而后生。事后证明，这实际上为法军突然袭击，迅速全歼福建水师创造了求之不得的有利条件。在这点上，张佩纶真是不愧为法国舰队高明的参谋长，比《三国演义》中庞统为东吴向曹操进献连环计的功劳大得多，应让法国皇帝颁发勋章。如果中方舰船拉开距离，分散锚泊，再加强陆上的防御，战争的结果定将有所不同。

中法双方的军舰彼此在对方的火力圈内对峙着，恐吓着。日子一天天过去，达摩克利斯之剑悬在头顶，无论是指挥员还是士兵，都不堪精神压力。张佩纶出京时，何等翩然得志？醇亲王托周德润关照他珍重，勿蹈险。李鸿章、陈宝琛劝他干脆炸毁船政局，以杜法人觊觎。这当然是蠢计愚策，于大局无补。而未来的败局，张佩纶也预感到了。

8月21日，狂风大作，暴雨如注，直到22日才平息下来。这天晚上8时，晚霞的余晖刚刚消失，黑暗笼罩闽江。江上的民

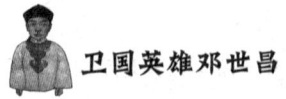

船仍来来往往地行驶，船政局的工人坐在家门口乘凉。没有一个中国人知道，这是最后一个和平的夜晚。根据刚刚收到的法国政府的训令，孤拔召集所有舰长到"沃尔达"号旗舰上开会。他下达了次日作战命令。这个仗确实是太好打了，因为对手一无所知，毫无防备，全部主动权都掌握在法军之手，想在什么时候打就在什么时候打，想怎么打就怎么打。

孤拔的作战计划是，23日下午2时左右，各舰利用退潮时起锚，低速前进。旗舰升起第一信号时，鱼雷艇出动，攻击上游的第二艘中国军舰。当第一信号旗下降时，全线开火。这个计划选定的作战时间，是利用中国军舰船头系锚，退潮时船尾对着法舰，不能发挥前主炮的优势，交战时必须完成180度的回转，才能向法舰攻击。孤拔要的就是这个时间差。但是，倘若中国军舰利用上午涨潮时先发动攻击，那么整个情况就会倒置，优势和主动权便掌握在中国海军手中。根据40多天的观察，孤拔断定中国人绝不会首先开火。

当天，法国驻福州副领事白藻泰应约来到军舰。孤拔把法国政府的决定通知他，商定次日上午8时，将交战消息通报各国领事，10时把战书送给闽浙总督何璟，限中国舰队当日下午撤出马尾，否则开战。白藻泰没有亲自去递交战书，而是委托一个传教士去送。

战书辗转周折，又经翻译，到何璟手中，已过 11 时。何璟开始误解战书内容，直到下午 1 时以后，方才急电船政局和长门炮台准备。表面上看来，法国尚有点绅士风度，给福建海军准备的时间，但孤拔不向近在咫尺的张佩纶宣战，而故意把战书递给何璟，是利用传递消耗时间，实际上与不宣而战差不多。加上中国官员的昏庸，孤拔果然如愿以偿。

23 日清晨，英国领事向福州当局透露："三日内法必开战。其意先将船厂轰毁，再行渡台。"届近中午，何璟的电报还未传到张佩纶的手中，张因惶恐不安，便派魏瀚再找英国领事探听消息。愚守"战即约期，不行诡道"的中国当局，仍然没有认识到法国舰队即将突袭，竟命魏瀚弄来一条鱼雷艇前去法舰送信，告诉他们中国海军还未准备好开战，请改于明日下午开战。

孤拔发现一艘中国鱼雷艇从上游开来，以为中国人开始进攻，立即命令把第一信号旗升至桅顶，45、46 号鱼雷艇立即出动攻击。按预定时间，其他法舰要待鱼雷艇实施突击后才开火，可是"野猫"号上的机关炮却"哒哒哒"地扫射起来。孤拔恐怕中国军舰回击，便下令降下第一信号旗。顿时，震耳欲聋的炮声响彻江面。中法马江之战提前开始了。此时的时间是下午 1 时 56 分。

"扬武"号实习军官、留美学生容尚谦首先发现"沃尔达"

号桅杆上信号旗降落下来。他立即报告管带张成。可张成以为是
法舰上有军官病死，下半旗志哀呢。正议论间，炮弹便如雨点而至。
这时，另一位留美学生杨兆楠立即施放后主炮，第一炮便击中"沃
尔达"号舰桥，当场炸毙引水员汤姆斯和五个水手。孤拔幸免身亡。
张成命木匠用铁锤击断铁链开船，但为时已晚。46号鱼雷艇向"扬
武"发射了一枚鱼雷。忽听"轰"的一声巨响，鱼雷命中了。"扬武"
挣扎着驶向岸边搁浅。在混战中，"扬武"的后主炮击中了鱼雷艇，
受了重创的46号艇歪歪斜斜地向下游驶去，躲进中立国观战军舰
行列。张成则跳水逃生。"扬武"就在沉没的一霎还把龙旗升上
了它的桅顶，炮手们向法舰射出最后一炮，以致法国军官也称赞
它"表现出勇敢和英雄的优美榜样"。

　　45号鱼雷艇的攻击目标是"福星"。它的鱼雷没有命中。"福
星"在福州船政学堂毕业生、管带陈英的指挥下进行反击。一颗
子弹击中艇长拉都的眼睛，鱼雷艇狼狈不堪地逃跑。

　　这时，陈英的侍从向他喊道："'伏波'、'艺新'正向上
游开驶，我们怎么办？"

　　陈英瞪目大喝："要我逃走？大丈夫食君之禄，宜在死报！
今日之事，有进无退！我船锐进为倡，当有继者，安知不可望胜？"

　　于是，鼓轮掌舵，贯敌阵而前，开边炮以左右击之，惜炮小

不能中敌要害。孤拔见"福星"已成孤立之势，命副长拉北列尔乘"准特"号汽艇，再以鱼雷攻击"福星"号。激战中，陈英不幸中弹阵亡，三副王涟继之，开炮奋战。此时，"福星"不幸被鱼雷命中，军舰在熊熊大火中沉没。

法舰"凯旋"炮击"振威"。"振威"虽受重伤，但在管带许寿山的指挥下，向敌舰"德斯丹"号冲去，准备同归于尽。一位外国目击者写道："这位管带具有独特的英雄气概。其高贵的抗战自在人的意料中。他留着一尊实弹的炮等待最后一着。当他被打得千疮百孔的船身最后颠斜下沉时，他仍拉开引绳，从不幸的'振威'中发出嘶嘶而鸣、仇恨如海的炮弹，重创了敌舰长和两名士兵……这一件事在世界古老的海军记录上均无先例。"

"飞云"号由广东水师参将高腾云驾驶。高腾云行伍出身，人极瘦弱，不善言辞。战斗中，手发巨炮，与三敌舰周旋。后被弹片炸断腿，又被炮弹炸入水中而殁，牺牲得最为惨烈。

"福星"、"建新"两艇抵抗时间最长。"建新"在炮艇统带吕翰的指挥下，叶琛、林森林两位管带奋不顾身地向敌舰进攻。吕翰，字赓堂，广东鹤山人，也是船政学堂毕业生。当法舰驶入闽江后，他写下"翰受国恩，见危受命，决不苟免"的遗书，并把老母妻儿送回老家，已作一死的决心。此时他短衣仗剑，督战

发炮。额部被流弹打伤，血流满面，仍裹伤再战。有凫水逃生者，挥剑砍之。两艇直至2时32分，才被击沉。其中一艘被敌人240毫米大炮的榴弹头击中，后部猛地沉入水中，船头高高立起，龙骨几乎与水面垂直，摇晃了数秒钟后，才向右舷倒下，被江水吞没。

福州海关副税务司英人贾雅格目击此战，他是这样记录的：

虽然在开火以后七分钟，每一只中国军舰都差不多已不能作战了，但是法国却不顾那些破碎船舰上的受伤和无助的人们仍继续发射它们的枪炮和霍乞开司机关炮，这不能叫作战争，这是屠杀！

双方军舰炮战了40余分钟。中国军舰除"艺新"、"伏波"负伤后向上游逃脱外，其余九艘全部被击沉击毁。另有一批旧式水师船被击沉。共牺牲海陆官兵700余人。包括舰长6名，其他海军军官58名，士兵695名。被击沉的旗舰"扬武"号，就是当年载着福州船政学堂的毕业生邓世昌等人出洋实习的训练舰。法军方面，仅死6人，伤27人，一舰未沉。

接着，法国军舰又与陆地炮台对射。4时55分，孤拔下令军舰退至炮台火力圈外抛锚。江面上漂浮着木板、篷帆和尸体，高高低低地露出沉没军舰的桅杆和部分上层建筑。江水被鲜血染成红色。入夜，罗星塔附近江上渔火点点，哭声凄厉。乡民们驾船打捞死难者遗体。位于战场下游的洋屿乡共捞起五百余具尸首。其中尸体完整的仅132具，陈放在庙中，招亲属认领。这些全尸者，多是落水后被法国人用竹竿、钝器等物击死的。马江之战牺牲者遗体后来葬于马尾山麓，并建立了昭忠祠。

24日，孤拔打算派600名陆战队员占领船政局，但临时改变了主意。因为局中有守军千余人，又传说中国人早在船厂埋下大量地雷。于是决定用大炮摧毁这座由法国人帮助兴建的造船企业。由于吃水关系，他派吨位较小的舰艇去执行。从上午开始，法国的炮弹雨点般落在车间、仓库和船台上，工厂熊熊燃烧，发出五次剧烈的爆炸声。据战后调查，除了船政局内新设立的炮台被破坏外，"砖砌之厂，以合拢厂、画楼为最，水缸厂次之，炮厂、轮机厂又次之。铸铁厂为最轻。架木之厂，以拉铁厂为最，广储所、砖灰厂次之，船亭、栈房又次之，模具厂为最轻。船槽陡出江干，受炮最烈。新制第五号铁胁船将次下水，被敌炮击穿九十余孔。至学堂匠房等处，虽受炮较轻，而器具书籍亦有残缺"。

总之，沈葆桢用尽心血创办的船政局成为千疮百孔的一堆废墟，从此一蹶不振。至于船政局十几年来造出的许多军舰，也沉没在滚滚东流的闽江之中。

中法战争于 1885 年结束。同年，朝鲜危机解决，日本内阁总理大臣伊藤博文与李鸿章签订了《天津条约》。这个条约最主要的是第三款：今后朝鲜若有重大变乱事件，中日两国彼此出兵之前先行文知照。事完后即撤回，不许留防。这又是一次重大的外交失败，意味着朝鲜已成为中日两国的保护国，十年后甲午战争的祸根就此种下。

1884 年中法马江战役之后，邓世昌奉命先驾"扬威"舰到沪修理，旋被调赴朝鲜平乱。在这个过程中，他虽未得以直接参战，但福建水师"艨舻破碎，将校伤残"、血溅残桅的悲惨局面，惊心动魄地教育了他。这是对邓世昌一生最有震撼意义的事件，是决定他的爱国主义精神得以充分成长的关键，也是他具有献身思想准备的主要触发因素。后来大东沟之战，他之所以能显示那样的英雄气概，是有由来的。

马江之战首先使邓世昌看到了战争的残酷性。短短的几十分钟内，一个舰队荡然无存，几百名将校兵士冤魂付诸流水，一个苦心经营十几年的船政局满目疮痍……这怎么不使他受到极大震动呢！这是在内江中进行的小规模的海战，如果在波涛汹涌的汪洋大海之中进行大规模恶战，其惨烈程度可想而知。更因为，船政局、船政学堂，是他学习、生活和实习过的地方，那里的一厂一房，一砖一石，一草一木，他都怀有深深的眷恋之情。更不待说沉入江底的战舰是他曾经实习过、工作过、亲手操纵过的，那些壮烈牺牲的管带、军官中有不少是他志同道合的同窗好友，师兄师弟，他们的音容笑貌还时时浮现在眼前。

马江之战又使邓世昌进一步看清了朝廷的腐败无能和将帅的贪生怕死。这是一场极不公平的战争，敌方磨刀霍霍，掌握着时机、阵位等有利条件和战争的主动权，而我方却是等待人家开炮挨打，做刀俎上的鱼肉。须知战争在几十分钟内就结束和定局了，还谈得上什么"还击"和"后发制人"？于是他想起了庸将赵括的"纸上谈兵"和"长平坑卒"的悲剧，"从来赵括易谈兵，寇盗于今尽据城"。他们把官兵的生命视为草芥，当作儿戏，高居庙堂，养尊处优，一旦战祸临头，便逃之夭夭，惶惶然若丧家之犬。

事后，邓世昌清楚地知道：当闽江上传来第一阵舰炮的轰鸣时，张佩纶刚刚拿到译毕的电报。他立即带人登上中岐山观战。江面上枪林弹雨，浓烟烈焰，血肉横飞。他目睹着一艘又一艘中国军舰沉没江底，却慌张得毫无办法。他被吓破了胆，随后仓皇逃到距马尾20公里的彭田村。当法国舰炮的轰击停止后，船政大臣何如璋仓皇地换上便衣，坐上竹舆，当晚宿在距马尾十余里的快安乡施氏祠堂。开始，老百姓不知情，何氏一行引起农民的好奇，

竞相前来观看落难的船政大臣。后来得知此人是临阵脱逃之将，乡人于夜放火逐之，所到之处，乡人拒不接纳。第二天，他又派人回局，取出库存的 36000 余两银子，押着前往省城。邓世昌发现他们这帮道貌岸然之辈有两个显著特点：一惜命，二爱钱。

使邓世昌受到激奋的是他的几位同窗好友在生死关头所表现出来的勇敢、坚贞和节义，同时他也为个别人的失节而羞耻。许寿山、张成是船政学堂驾驶班第一期与他一起毕业的，陈英是学驾驶的第三期毕业生。许寿山、陈英的大无畏英雄气概，不仅为船政学堂增了光，也为中华民族争了气，邓世昌决心以他们为学习榜样。张成在学堂学习和实习时就有懦弱胆怯的表现，怪不得在混乱中早早逃生，为江水冲至上歧君竹乡江边遇救，苟安偷生于人间。"扬武"在沉没之前向法舰开的最后一炮是部下所为。

第三节　喟叹提督愤离职

1890 年春间，北洋海军成军刚一年多时间，发生了一件"升旗事件"，竟导致了北洋海军总查琅威理的辞职，这件事的发生，令邓世昌感叹不已。

琅威理，1843 年 1 月 19 日出生于英国。14 岁入皇家海军学校，16 岁入海军实习。历任海军准尉、代海军少校、海军少校、中校副舰长等职。1863 年，他随同阿思本率领的英中舰队初度来华。后因该舰队于不久解散，旋即回国。1864 年晋升为上校舰长。1877 年又为金登干所聘，护送炮艇前往中国，颇得郭嵩焘、丁日昌的赞赏。所以，李鸿章在 1879 年委托曾纪泽向英国海军部访觅外国顾问时，曾纪泽便告诉他，根据金登干的推荐，琅威理新近又将送炮艇来华。其人"诚实和平，堪以留用"。这年，英国海军上将古德路过天津时，李鸿章和他谈到择派兵船熟手，古德也说琅威理明练可靠。恰好 11 月，琅氏护送四"镇"抵津，李鸿章与他晤谈数次，又看他调阅操练，甚为满意，便当面延聘，月薪 600 两。

琅威理表示，来华任职：第一，须有调派弁勇之权；第二，他须向英国海军部请假并获允准；第三，中国方面须与英国海军部商妥，将他在华服役年限作为海上服役年资，以不影响他在英国海军中升迁。这几条要求都是合情合理的。李鸿章立即请曾纪泽与英国海军部洽商，而英国海军部却犹豫不决。一则不愿其现

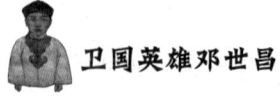
役军官为中国训练军队；二则琅威理既为中国所聘，应该留职停薪，海上年资亦当暂停计算。此事坠入僵局。直到威妥玛、赫德、金登干等人多次出面活动，才使事情有了转机。

1882 年秋天，琅威理带着他的随从爱斯德来中国任职，头衔是副提督衔（名誉中将衔）北洋海军总查（他在英国的军衔是上校），负责北洋海军的组织、操演、教育和训练，并有建议及奖励之权。但在不久后爆发了中法战争，琅威理又以中法交战，英国臣民不便为他国作战为由辞职回国了。直到战后的 1886 年 3 月，清廷二聘琅威理。合同写明，琅威理的职务仍为副提督、北洋海军总查。这个头衔是明文记载、有案可查的。琅威理到津时任为北洋水师副统领。嗣经醇亲王简阅，以琅勤劳卓著，奏请赏给提督衔。1886 年 6 月 2 日奏上，当天降旨嘉奖水师洋员，以琅威理"教演水师尤为出力"，除赏给二等第三宝星外，并加赏给提督衔。故光绪十五年十二月十三日船政大臣裴荫森《龙威钢甲修整回工折》说"海军提督丁汝昌偕副统领琅威理带同洋管轮到船勘验"。（《船政奏议汇编》卷四十）《李文忠公奏稿》卷七十一光绪十七年二月十六日《海防报销折》说"北洋水师副统领提督衔洋员琅威理"。

琅威理为人热诚负责，沉毅果敢，办事勤快，治军极严。任职之后，对于中国海军贡献颇巨。主要表现在以下几个方面：一是训练严格。其经验丰富，举凡官兵的教育、航海的技术、枪炮的施放、鱼雷的工程、机械的操作、炮台的修建，以及其他各种训练，无不经其手。因此，不久即，为海军官佐所敬惮，邓世昌对其也深怀敬佩之心。他的成绩和作为，"中外称之，一时军容顿为整肃"。不仅东方的日人为之侧目，北邻的俄人亦因之称赞不已。

二是国际礼节的采用。海军原为国际性的军种，彼此交往均有一定的礼节。以往，北洋水师对于此事未遑讲求，海上军舰往来交际尚付阙如。琅威理根据国际惯例，为舰队制定了中外海军交往的礼节，而使中国的海军纳入正规。

三是大批英国海军人员的聘用。琅威理事业心和荣誉感很强，既然被委以重任，他决心要把中国的海军训练达到世界水平，于是先后设法延聘大批的英国海军专门人才，参加北洋海军工作。

四是自琅威理治军后，中国海军的海上活动大为加勤，范围亦远为扩大，北至海参崴，东至朝鲜与日本，南达香港、新加坡以及南洋群岛各地，不仅使我国的海防大为增强，也使中国的海军成为西北太平洋上最活跃的一支舰队。

据伦敦报载，1891 年中国的海军占世界第八位，而日本则占第十六位。果能长此以往，中国的海军力量自必日益壮大，足以

成为保卫国家的"海上长城"。

琅威理在水师"颇得各管驾、弁兵之心"。验诸史实，他确实不愧为来华服务的洋员中之佼佼者，是一位十分难得的异国海军人才。

琅威理对工作高度负责的精神，还表现在：凡是不利于水师的事，他都要干预；凡是有利于水师的事，他都要建议。金登干批评他"喜欢把一切事情揽入自己之手"，因为这样会得罪很多人。然而，由此正可看出琅威理的性格，这也正是他品格中最可贵的部分。例如，以往运煤船给水师的煤常与原数不符，有一次竟短缺达 40 吨之多。琅威理与丁汝昌商定，以后"俟煤径到船，即在船磅收吨数，以杜绝弊端"。后来，还专门设计了一种驳煤船图样，发交大沽船坞制造。关于旅顺基地的建设，他十分关心，亲去查验，发现港口有浅处，潮落时兵船出进容易搁浅，虽明知此工程乃德国退伍军官汉纳根大尉所主持，仍然直率地指出，并建议到春天将该处挖深，以保出进军港船只的安全，可见其责任心之强。

琅威理还有一个最突出的特点，就是要做一个正直的海军军官，以自己的职业为荣，时刻忠于职守，并要做出优异的业绩。所以，他在处理水师事务时，总以不违背职业道德为原则，甚至自觉不自觉地超出狭隘的民族利益。例如，当他接到运送炮舰回中国的

任务时，就几次向阿姆斯特朗船厂指出炮船设计上存在的问题，强调"为了更为安全有效，要做某些改进，尽管会导致延期和花费"。甚至为此与该厂代表伦道尔工程师进行长时间的激烈争论。

遗憾的是，这样一位如此诚心为中国海军服务，在全世界"打着灯笼"也很难找出第二个的专家，1890年竟因"升旗"问题引起纠纷，使其愤然辞职，从而使中国海军的发展遭到了重大的损失。四年后，北洋海军在中日甲午海战中全军覆没，岂不悲哀之极！

"升旗事件"发生在香港，时在1890年春。根据《海军大事记》的作者池仲祐的记载，其事由琅威理与北洋海军右翼总兵刘步蟾二人之间因为升旗问题所引起。"时值各舰巡海香港，丁汝昌以事离船。在法，宜下提督旗而升总兵旗。刘步蟾照办。而琅威理争之，以为：丁去我固在也，何得遽升镇旗？不决，则以电就质北洋。北洋复电，以刘为是。由是琅怫然告去。"此外，刘体智在他的《异辞录》中也有类似的记述。不过，根据琅威理的报告及李鸿章的电报，则知此事发生在是年3月6日。其时北洋海军赴南洋度冬，船泊香港。丁汝昌率领"镇远"等4舰巡逻海南岛，以琅威理留港照顾并修理其他各舰。不意，当丁离开后，其提督旗遂即为其部属所卸下。

琅威理患有严重的眼疾。3月6日上午，他巡行在甲板上，用那迷离的病眼察看舰上的一切。突然，他抬头发现"定远"舰上挂的是黑、绿、红三色总兵旗。

于是他用英语大声呵斥管旗的水兵："你为什么挂错旗？"管旗的水兵连比带画才说明："这是奉刘总兵之命。"

于是，琅威理找到刘步蟾，要求纠正这一错误。想不到刘步蟾轻蔑地说："丁提督不在，鄙人就是最高指挥官，自然升鄙人的总兵旗。"

琅威理说："丁大人不在，不是还有我在吗？"

刘步蟾笑笑，道："您在，那又如何？"

琅威理说："我是副提督，丁大人不在，我在，仍应升提督旗。"

刘步蟾说："我只知道北洋海军中丁大人是提督，此外，还有谁？"

此话激怒了琅威理："刘大人，那你说我是什么？"

刘步蟾毫不退让："你是总查大人！"

此时，琅威理才明白，原来在北洋海军官兵眼里，他并不是真正的提督。平时水师上下所谓"琅军门"、"琅副将"不过是尊称而已，就连醇亲王、李中堂的"丁琅两提督"，也不过是虚言假名罢了。他只不过是受雇于大清国的普通"洋员"。

"This is too much! This is limit!"（太过分了！真是忍无

可忍！）一向心高气傲的琅威理吼叫着。

此时，刘步蟾故意装得心平气和，他用调侃的语调对怒气冲冲的琅威理说：

"I am terribly sorry about that!"（我对此非常抱歉！）

琅威理因中国曾赏提督衔，且时人每谓"军中有两提督"，故亦以提督自命。认为提督旗乃彼与丁汝昌所共用。争之不得，乃电北洋大臣李鸿章请示。原以为会得到支持，没想到李鸿章并不直接对他答复。仅复电林泰曾及刘步蟾等，支持刘的做法。李氏的态度，使琅氏深觉羞辱。俟南巡北返，琅威理至天津面谒李鸿章，表示如无实权，工作将无法继续。而李氏却仍坚持前说，且认为琅氏无辞职理由。本来，当"升旗事件"发生之后，琅威理即曾先后致书其海军部长汉密尔顿、英国驻华公使华尔申及英国驻华舰队司令沙尔曼，表示其决心辞职之意。见李鸿章不得其直，乃立即提出辞呈，而李鸿章亦遂加以接受。

关于琅威理辞职一事，最后实决于李。今查《李文忠公全书》在《电稿》卷十二里，有两封电文。一封是光绪十六年二月十七日辰刻发给《香港交水师总兵林泰曾》电：

琅威理昨电请示，应升何旗，章程内未载，似可酌制四色长方旗，与海军提督有别。

另一封是光绪十六年七月初八日巳刻《复伦敦薛使》电：

琅威理要请放实缺提督，未允，即自辞退。向不能受此要挟，外部等或未深知，望转达，似与邦交无涉。

琅威理的辞职，不久即引起中外报界的关注。天津的英文报《中国时报》消息比较灵通，早在是年6月21日刊出琅威理辞职的新闻，谓："琅威理已于本月十五日（4月28日）辞去其中国舰队合督之职，并已于同时为总督所接受，预料以后将不会再有英国军官步趋琅氏之后尘。"接着，该报于9月6日及10月18日发表两篇短评，对于琅威理辞职之事有所论列。他们以为琅威理二次受聘来华之时，即曾向李鸿章表示，要他做事，必须要使他有权，否则，他将无法执行任务。其后，在实际上也可证明琅与丁汝昌提督居于同等的地位，并与丁负责联合指挥的职务。举凡军官的汇报以及一切命令都须由他二人联合审阅和发布。不料，事经数年，不仅为一骗局，亦为一大侮辱。"升旗事件"绝非偶然，下级军官早有预谋。而且无疑地，琅虽有中国皇帝赐以荣誉的提

督之衔，但他并非服务于中国政府，而仅不过为一总督的奴仆。

同时，上海的《北华捷报》对此事也大加报道。除了发布新闻之外，且曾先后发表3次冗长的社论，对于中国有所批评和攻击。第一篇是在7月4日，言词最为激烈。首先他们认为中国人之逼迫琅威理去职，乃是一种过河拆桥的行为。外国人以其辛劳与忠诚，所换得的乃是忘恩负义；外国军官除非愿同中国的军官同流合污，否则即会遭受妒忌、阴谋与排挤。毫无疑问，自从琅威理来华，北洋海军方才大有起色。

此后，还有许多外国人投书，都是对琅威理表示同情，对中国当局，尤其是对李鸿章的背信弃义表示谴责。

邓世昌性格沉着稳重，善于独立思考，此事又直接与"顶头上司"刘步蟾、李鸿章有关，他作为一艘舰的管带不能妄加议论，随便表态，何况也没有留下更多可查的文字证据表明他的态度。但笔者经研究后认为：对琅威理事件的发生与因此离职，邓世昌感到深深的惋惜，其根据如下：

一是邓世昌对琅威理的严格按照英国皇家海军的练兵标准治军，并制定出一套训练方法大为赞赏。比如说，琅威理要求这些农夫渔民出身的水兵背诵他依国际惯例制定的海军军舰礼仪礼节，以及旗语命令，而且必须用英语；不准在晚上离船到岸上闲逛，如被发现，立即撵回，并课以重罚；常在夜间官兵刚进入梦乡，他就突然拉响战斗警报，各舰的官兵必须迅速各就各位，其实，此时天上明月高悬，海面风平浪静，哪有敌人的影子？这帮懒散惯了的"丘八"们，只好心底里骂一句"连鬼也没见到"，振作精神操练。时间久了，水兵们就常发"不怕丁军门，就怕琅副将"的牢骚。而邓世昌所管的"致远"舰就对这种操练习以为常。其他的操练方法，邓世昌也是虚心向琅威理学习，不打折扣地执行他的指令；琅威理对邓世昌的管理与训练，以及他能始终坚守岗位也很满意。

二是邓世昌深刻懂得，从兵法上用将的准则来讲，必须给予将领以实际的军权，且予以高度信任，方能调动将领的积极性并有所作为。用人不疑，疑人不用，这是兵法的常识。更不待说，琅威理在受命之前，有话在先。琅威理要求有实权，重要的是为了号令畅通，开展工作，不无据怀疑为"窃取中国的兵权"。

三是邓世昌对琅威理的敬业精神与工作作风，是心悦诚服的。一个外国人，在被任命之后，立志要将一支落后的水师，训练成达到"世界水准"的海军，这本来是件求之不得的好事，我们为什么不全力支持他开展工作呢？琅威理因中国的某些官吏对他不尊重，在第二次重聘来华时，曾表示不愿接受新职。后经英政府

一再劝说，方才勉强答应，"为了英国的利益，而宁愿暂丧失国籍"。再是，他的眼疾使他颇感烦恼，曾一度有失明之虞，在这种情况下，他为了中英友谊，慨然赴命，忘我工作，不辞辛苦，且工作卓有成效，对这样的外国专家，怎能不给予应有的地位和荣誉、尊重与爱护呢？

四是邓世昌对琅威理主张一支有战斗力的部队，必须精诚团结，和衷共济，不能拉帮结派，搞小团体和任人唯亲深表赞同。琅威理从中国海军的建设出发，曾公开表示对"福建帮"的不满。再是刘步蟾等留学于英国的少壮派，他们从一开始就以接受一个外国人管理为耻，因此对琅威理不仅暗中反对，不予合作，甚至还在李鸿章面前散布不满琅威理的言论，以使李改变对琅威理的印象。

"升旗事件"的是是非非，一百多年来众说不一。在诸多史家的文章中，字里行间都流露出认为刘步蟾的做法，以及李鸿章接受琅威理的辞呈是"照章办事"，是为了不让"英国人控制舰队"，是"捍卫了中国海军独立自主的地位"，等等。有的还说琅威理有时"盛气凌人"、"态度傲慢"，引起中国军官的反感。特别是琅威理回国以后，向英国海军当局说中国的许多坏话（本是中国错，"好话"从何来），使英国不再接纳中国海军留英学生，因此人们更对其增添了怨恨。有些"权威性"中国近代海军史著作中说："李鸿章对'撤旗事件'的处理是正确的，表明了清廷的严正立场，维护了中国的主权和中华民族的尊严。"

笔者对此不敢苟同，认为此事集中反映了以李鸿章为代表的封建官僚目光短浅、胸无大略，不从国家的根本利益和大局出发，是近代史上一起造成海军建设重大损失和久远恶劣影响的不明智之举。

首先要指明一点，就是之所以出现这一事件和这种局面，有一定的文化和心理因素，即西方社会讲究诚信和真实，而东方封建官吏言行虚假和狡黠。琅威理受任之际，接受中国皇帝任命的副提督衔，对琅氏来说，觉得这是至高无上的荣誉。而实际上是什么呢？原来是"在吾国不过虚号崇衔"（池仲祐）。在琅威理看来，在第二次签订合同时，均曾明白说出：提督丁汝昌是该舰队的最高指挥官，具有指挥该舰队任何船只及中外军官的全权。琅威理则为丁汝昌之下的一位高级助手，其职位为副提督（后改为提督衔）北洋海军总查。如非副提督，他就无发布命令之权，也无管理左右总兵之位。他既然是副提督，当提督不在时，就要负起提督的职责和使命。司令和副司令都是"司令"，仅有正副之分罢了，司令不在时，副司令则代替其职权，这是普通常识。

再是责、权、利相统一是一条基本原则。聘请外师、外教也好，

聘请专家、顾问也好，大目标是为了兴国强军，是为了走向世界，因此就完全应该让人家有职有权。20世纪60年代，日本女子排球独霸世界排坛，被称为"东洋魔女"。周恩来总理诚心聘请"魔鬼教练"大松博文来中国执教，各方面都全力支持他。纵然许多人看不过去"魔鬼教练"近乎残酷的训练方式，总理还是尊重他行使职权，终于使中国的女排异军突起，最终打败了日本，并称雄世界排坛。

中国的乒乓球教练王大勇把比利时队带到世界亚军，比利时女皇亲自接见他，授予他国家勋章。中国足球四十多年出不了线，才请米卢执教。如果你连选拔队员、制定战术等权力都不给他，又叫人家带领队伍打入世界杯，不觉得可笑吗？

三是古人说过"小不忍，则乱大谋"。干什么事都有策略和战略，看你怎么驾驭，怎么利用。英国人愿意执教中国海军，可能也有在中国海军中增加势力和加强控制等目的，这就要互相利用，求同存异了。为了对付主要敌人，请他国教习来传授技艺、统管教育训练，这是对中国有利，为敌国所惧怕的。设想一下，如果不发生这一风波，琅威理一直在北洋海军任职，在甲午海战时他在现场，这场战争的结局恐怕有所改变，起码是不会彻底惨败。因为琅氏毕竟经验丰富，熟悉海战。当然，这仅仅是一种假没，而历史是没有假设的。

琅威理走后，总教习、副提督的位置空缺了四年，在甲午战争将起之时，李鸿章为了装点门面，堵政敌的嘴，聘用了德国退役陆军大尉汉纳根充任此职，被世界海军界引为笑话。对此，德国皇帝威廉二世关于黄海海战的演说中也说道：中国舰队属于水师提督丁汝昌麾下，由非常不懂海军的陆军大尉汉纳根担当顾问官，令人不可思议。

而且，当甲午战争惨败后，清廷不是又千方百计想请回琅威理来继续执教吗？如果李鸿章当年处理这一问题是正确的，为什么光绪皇帝要降旨请其"迅即来华"呢？

琅威理之受聘来华组织训练中国海军，是由于北洋海军成船日多，领军之帅才缺乏，故不能不借才于异邦；而英国也有为其自身利益考虑，当时各国都在中国海军内扩大自己的势力影响，派教官有利于本国在这场角逐中取得优势。琅威理出身英国皇家海军，具有优越的能力与经验，凭着他的精力、责任感，在短短的数年之内，将散漫无纪的中国海军，训练得严整可观，对于我国近代海军发展的确做出很大贡献。

李鸿章在其借聘琅威理来华之初，为了促成琅威理早日来华，他甚至不惜九牛二虎之力，方才达到目的。可是正当琅威理将中

国海军整理得初步就绪之时，他却毫无顾惜地听任这位外国爱将辞职他去，殊觉令人不可思议。当琅威理当面向李报告"升旗事件"的经过，并且表示如其权威不能保持，势必无法指挥舰队，惟有辞职一途，但是李鸿章非但未加温语慰留，反而立即加以接受。

第四节　激扬风义严治军

　　整顿北洋海军的军纪，改变其不良风气，是一件非常困难和复杂的事情。许多舰的管带阳奉阴违，对部下违背《北洋海军章程》的种种行为，或熟视无睹，听之任之，或带头破坏。在这样的环境下，邓世昌对其所管辖的"致远"舰却军规如铁，治军极严，"治事精勤，若其素癖"，这实在是太难能可贵了。而他要一意孤行地坚持这样做，其受到的来自内外的压力和打击也可想而知。

　　还在琅威理在职期间，一天，在刘公岛丁公府内的议事厅里，丁汝昌和琅威理召集各舰管带开会议事。琅威理严肃指出，在昨夜拉响战斗警报之后检查，有不少舰的官兵未能按部署各就各位，

"定远"舰的士兵，竟公开在码头上赌博。他以军人的威严大声呵斥管带：

"你们和你们的士兵昨晚都在位吗？"

许多管带都沉默不语，一时议事厅里鸦雀无声。

邓世昌开始不想首先说话，看到其他人都不敢吭声，他便理直气壮地回答：

"鄙人坚守在岗位上，本舰官兵无一人上岸嬉游！"

仿佛是一石激起千层浪，会场中的管带们立即做出不同反响：有的瞥以怀疑的眼神，有的鄙夷地一笑，有的窃窃私语认为他在说大话、吹牛，有的虽不说话，却心里更为嫉妒，当然更有由衷表示钦佩者。

琅威理看出了大家的心思，便面对丁汝昌说："提督大人，是否遣营差查实各舰官兵在位情况，予以奖惩？"

丁汝昌说："琅副将说得是，查实昨晚各舰官兵在位人数，予以奖惩。"

查对结果，"致远"舰除了请假离舰和患病住疗者外，无一缺位和渎职。

邓世昌经常"在军激扬风义，甄拔士卒，遇忠烈事，极口表扬"。由于他自己以身作则，又极关爱士兵，因此"致远"舰的官兵军

容整肃，纪律严明，斗志昂扬，精神风貌与别的舰艇截然不同。但"木秀于林，风必摧之"。更因为"名高毁所集，言巧智难防"，"君子不畏虎，独畏谗夫之口"。

生活在现实的世界上，"难"的事情实在太多了，但最难的莫过于为人处世。阿谀逢迎、随人俯仰固然不行，刚直不阿、宁折不弯也不行；逐臭争血、浑身秽腥固然不行，"独立寒秋"、"过洁世同厌"也不行；规章废弛、马虎随便固然不行，铁面无私、不讲"人情"也不行……按现在人的习俗和处世之道来看，邓公世昌大人也确实太不会"来事"和"做人"了。

有一次，"致远"舰停在威海，正在备航出海，他在舰上专心看阅航海资料。突然，值日官敲门来报："邓大人，船政大臣令箭到，要我舰起航时带一名军官到厦门，现在人已到码头。"

邓世昌说："有没有船政大臣书面命令？"

值日官答："没有，只是这个军官自己口头这样说的。"

"空口无凭，不行！作战舰艇有规定，除非有船政大臣或正副提督的书面命令，否则一律不准带外人上舰！"邓世昌态度坚决地说。

邓世昌将其驳回后，船政大臣闻后勃然大怒，再加上几个福建籍的军官乘机诽谤挑拨，船政大臣立即下令卫队抓邓世昌审讯，并扬言要杀掉这个顶撞上司、大逆不道之人。

幸在这时，邓世昌的好友、管务处提调杨君在场，他跪在大臣面前，说明责任在自己身上，未及时向新上任的船政大臣讲明"军官搭兵船，必须持大臣书面命令"的规定，而这规定已通行多年了。那大臣只好作罢，邓世昌也才免了灾祸。

这件事，在当时许多人看来，简直不可思议。船政大人的人要搭船，这还能不允许吗？更何况，许多舰艇现在都在带客运货赚钱，各显神通，招揽各种生意，唉，邓大人脑筋怎么这么死，做事这么"绝"？

更使人们不可理解的是，在直布罗陀，他自己不是也违反"舰规"，瞒着上级，甘愿承担一切责任，带回八名受尽折磨、奄奄一息的华工吗？还有，违反规定，不将病死的舰员抛尸大海，而以棺木入殓，等军舰靠岸后再行埋葬吗？从这些对比中，可见邓世昌的独特品性。

邓世昌根据兵法中关于将领带兵必须恩威并重，奖惩分明，"号令欲严以威，赏罚欲必以信"的原则，平时对士兵宽仁慈爱，但一旦违反军纪，则按军规惩办决不姑息。

1891 年冬天，北洋舰队照例去南方港口训练，在香港停泊。一次放假，"致远"舰的二等水手冯广在假日获准许外出。他与在"定

远"、"来远"上当水手的老乡在酒肆小饮几盅后，不觉归舰时间已到，要起身告辞："仁兄们再饮一会儿，小弟要回舰去了。"

"嗳，你也太不够意思了，当官的可以寻欢作乐，我们烂水手就该受罪？"

"活一天，算一天；乐一次，就算拣着了。今晚不回去了，一起到妓院去逛逛。"

"啊呀，我可不敢，让邓大人知道，小人必定要受重罚！"

"现在还有琅副将在位时那一套吗？你真是胆小鬼！告诉你，今晚你不同去，我们把你扔到海里！"

冯广拗不过大家，就乘着酒兴跟着去玩了。刚巧，那天夜里邓世昌命令大副陈金揆夜操并查点人数。

"报告邓大人，全舰官兵245名到位，只有二等水手冯广请假外出未归。"大副报告说。

"干什么去了？查清后视情节轻重按军纪惩办！"

第二天清晨，冯广像漏了气的瘪皮球，没精打采地溜回舰上。他觉察到人们都以异样的目光看他，早已魂飞胆丧。在陈金揆的追问下，他老实交代了违犯军纪的经过。

邓世昌得知后，并没有暴怒，而是沉思和自责，他平静地对陈金揆道：

"全舰集合，把《北洋海军章程》中《军规》这章当众朗诵一遍，而后每个人必须牢记并履行之。至于冯广则按《军规》惩处，绝不姑息！"

基本上参考英国皇家海军章程而制定的《北洋海军章程》中第十一章《军规》中写道：

凡管带官违犯军令，由提督秉公酌拟呈报北洋大臣核办。轻则记过，重则分别降级、革职、撤任。

凡该船管带之属官，游击以下守备以上人员，如违军令，由管带随时秉公酌办。轻则记过、停资，重则请提督究办，分别降、革、撤任。倘有酗酒、聚赌不法等事，由管带一面先行监禁，一面禀办。

凡船上属官千总以下人员，由水手出身者，如违犯军令，由管带官酌予棍责，不记过、停资。事体重者，分别降革、撤任。仍先禀请提督批准。

凡船上头目、水手及一切无官职人等，如违军令，由管带官分别轻重惩处。或遇每月放假之日，罚令不准登岸，仍以若干日为度，或鞭责；或械击；或革退。

凡水手逃亡者。拿回鞭责八十，监禁一个月；临阵时逃亡者，斩立决。

凡船上官弁、兵匠人等,损坏器械、军火等件,由提督及管带官、督查官讯明,实系疏懒不慎,分别轻重,罚令赔偿。倘系有意损坏,按行军例从重治罪。

凡船上官弁人等违犯军令,照以上所拟各条惩治外,其余不法等事,由提督等援引会典所载雍正元年钦定军规四十条参酌办理。并先恭录通行各船,一体懔遵。

冯广的违犯军纪,要是在别的舰船上,算是小事一桩,微不足道。但他身穿"致远"号衣,就注定要倒霉了。在当众杖击二十下之后,予以革退。可能由于惊吓过度,冯广被处罚后负伤得病,卧床不起。邓世昌令医官为其疗伤,但在病体痊愈后还是将其遣送回家。

此事,在当时曾引起一场风波。特别是冯广革退后,传说他死了,有人想借机整整邓世昌,要追查和弹劾他。在有的著作和文章中也有提及邓世昌把士兵打死一说。

邓世昌带兵讲究恩威并重。他平时接近士兵,关心他们的疾苦,发现在训练中有出色表现的士卒,破格甄拔,"遇忠烈事,极口表扬,慷慨使人零涕"。(徐珂《邓壮节公阵亡黄海》)一次,邓世昌到兵舱巡视,他看到一位副炮弁在替一位名叫王永海的三等练勇代写家信。此人家在山东荣成，离威海不远。邓世昌看了几句后问道："令尊有重病，为何不向长官提出请假探望？"

"报告邓大人，小人虽是一名练勇，也知国事重于家事，小义服从大义。"王永海继续说，"邓大人大父、先父丧，且以军务为重，在营守制，我辈岂可以家事妨碍国事？"

邓世昌听后，颇为动容，说道："自古忠孝不能两全，忠心报国就是大孝，尔乃堂堂丈夫、七尺男儿也！"说完，掏出几块银元，交给王永海，"请你设法捎给令尊，就算邓某对老人家一份心意！"

在邓世昌的感染下，水手们纷纷解囊资助王永海，场面非常感人。

第五节　钦赏噶尔萨巴图鲁勇号

为了及时掌握训练状况，检验训练成果，北洋海军建立了定期阅操制度。根据规定，舰队每年由北洋大臣阅操一次，每逾三

年由海军衙门请旨特派王公大臣会同北洋大臣出海校阅一次。但这些实际上没有做到。更要命的是,校阅都是花费大量钱财的游玩。

在北洋海军成军前,曾有一次阅兵,即光绪十二年(1886)5月16日至25日。这次海上阅兵,正是李鸿章受到兵部侍郎黄体芳弹劾之时。黄在奏章中历数李鸿章的大罪:"朝旨饬援南疆,李鸿章留不遣发(指中法战争)";"自办洋务以来……糜国币以亿万计,百弊丛生,毫无成效"等等。慈禧需要李鸿章这样的人理政,所以极力保他,对黄予以法办,并支持李鸿章进行海上阅兵。李鸿章怎能错过这样的表现自己的机会?所以他极力恳请醇亲王前去巡阅,以造声势,提高声威。请求自然得到了慈禧恩准。

醇亲王闻讯连忙进宫谢恩,刚要跪行大礼,大太监李莲英立刻上前扶起。慈禧太后接着道:"醇王爷近来身体不好,本来不该让你去远涉风涛,要不,再派个内廷的人,带上御医,随同醇亲王爷前往天津?"

醇亲王立刻明白了慈禧的意思,赶快"顺杆爬",带慈禧的亲信出巡,正可让她免忌。于是赶紧说道:"总管太监李莲英,人极谨饬,请太后准予随行。"

就这样,在这次黄海"大操"时,直立于海军大臣醇亲王和李鸿章之间,最重要位置的检阅官竟是太监李莲英!这个浑身是鬼点子、最能装模作样的阉人，表现却十分拘谨，布靴布衣，每日手执醇亲王的长杆烟筒，大皮烟荷包，侍立装烟。但醇亲王明白，别看他表面是如此恭顺，他的喜怒哀乐将与自己的政治命运紧密相连，半点也得罪不得。因此，在检阅时，还是把最高位置让给他。

这样一个隆重的军事场合，由一个毫不懂军事的人来指点评说，能有什么积极效果？

真是贵人光临，天示吉祥。那次，当醇亲王巡视到"蓬莱仙境"前面的庙岛列岛时，竟在海上出现了海市蜃楼。但见海面之上，"楼台隐现，林树扶疏，树外若有数僧翘首以迎"。醇亲王被这仙境所陶醉，随从们也个个喜形于色。

就在李鸿章与醇亲王陶醉于北洋舰队的"强大"，认为可以高枕无忧之时，日本已经造出了"三景舰"——4278吨的"严岛"号、"松岛"号、"桥立"号战舰。这三艘舰的吨位和装甲虽赶不上"定远"和"镇远"，但是它们特地装备了一副又大又长的"牙齿"——320毫米口径的巨炮。这种炮，比"定远"、"镇远"的主炮口径还大15毫米，足以击穿大清两艘铁甲舰装甲！当日本军舰黑洞洞的炮口直指北洋海军时，李鸿章在富丽堂皇的官邸内高枕无忧醒来后，正躺在太师椅上，令仆人端来一盅以人参、黄芩等药物配制的"铁水"，在缓缓下咽，慢慢品味呢！

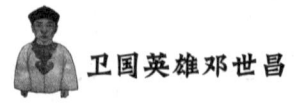

北洋海军成军后，曾经有过两次检阅。第一次是在光绪十七年（1891）5月23日至6月9日，李鸿章和山东巡抚张曜检阅北洋海军。这是《北洋海军章程》制定后的首次大阅。李鸿章由丁汝昌、德国人汉纳根（替代琅威理的北洋海军总教习）、美国人泰莱（汉纳根的秘书）、刘步蟾、林泰曾、邓世昌、林永升……诸海军将领，李的随员盛宣怀、张士珩、刘含芳等陪同，在威海卫检阅北洋海军大会操。李鸿章头戴一品亮红宝石顶子，三眼花翎，身穿黄马褂、锦绣朝服，甚是威严煊赫。海军将领皆戎装，文官随员皆按品级穿戴官服。

对北洋海军的许多舰来说，平时的训练就是为了应付上司的检查，为了"表演"出彩。这正是旧军队的通病。上有所好，下有所为。北洋海军的许多军官在军事训练时，就是每每虚与敷衍。军官们在甲午海战后披露，"来远"帮带大副张哲溁指出："我军无事之秋，多尚虚文，未尝讲求战事。平时操场演炮靶、雷靶，惟船动而靶不动"。至于编队训练，"定远"枪炮大副沈寿坤总结说："若图求其演放整齐，所练仍属皮毛，毫无裨益。此中国水师操练之不及他国者，弊在奉行故事耳"。

5月23日上午，天高气朗，湛蓝的大海一平如镜。北洋海军提督衙门前海面上，搭起了一座大检阅台，鞭炮齐鸣，龙旗招展。

海军仪仗队、亲兵火器营，由铜鼓、洋号西乐队引导。一顶代表李鸿章品级的幡伞，由撑伞的亲兵高高地举着，罩在李鸿章头上。李鸿章缓步登上检阅台，落座后，众将领挥军刀致敬，众水兵举旗举枪致敬。旗舰"定远"鸣礼炮 19 响致敬。

李鸿章神采飞扬，喜形于色说道："我北洋海军，乘风破浪，鹰扬东亚，保卫海防，固我海疆。外抗强敌入侵，内壮大清国威。全体将士，训练有素，炮术精良，已受到世界各国刮目相看。威武壮哉！威武壮哉！我令尔等：丁汝昌、刘步蟾、林泰曾，听令！"

李鸿章继续说："尔等指挥操演阵法，炮术打靶。优胜者奖，顽劣者罚。巡阅开始！"

众将大声回答："得令！"丁汝昌："巡阅开始！"各舰随着"定远"旗舰鱼贯前进。绕港一周，然后转到威海中外，远远望见，靶船隐约出现，各舰依次发炮。霎时间，硝烟蔽海，火光闪烁，雷霆怒吼，巨浪冲天。

在大阅兵之后，邓世昌因训练得力，奏准赏换噶尔萨巴图鲁勇号（满语，立功勇士），覃恩赏三代一品封典。"致远"舰的有功官兵也受到了各种奖赏。

光绪二十年（1894）5 月 7 日至 27 日，海军衙门再次奏派北洋大臣李鸿章和帮办大臣定安第二次校阅海军。5 月 17 日夜，李

鸿章在大连湾"以鱼雷六艇试演袭营阵法，攻守多方，备极奇奥"。5月18日，"'定'、'镇'、'济'、'致'、'靖'、'经'、'来'七舰，乙、丙两船，在青泥洼演放鱼雷，均能命中破的。"午后，各舰到三山岛打靶。"夜间合练，水师全军万炮并发，起止如一。英、法、俄、日各国均以兵船来观，称为节制精严。"

这段"高度评价"，并非洋人或他人所作，而是李鸿章因自我感觉良好而写。就以在旅顺观看鱼雷艇操场阵来说，"先以空雷射靶，见鱼雷入水，直射如箭，水面惟见白纹一线而已。射靶毕，以装棉药之鱼雷攻旧靶艇，一轰而成齑粉。西人谓，水战攻木船者莫如铁甲，攻铁甲者莫如鱼雷，信然"。他还说：在威海卫铁码头雷桥试验鱼雷，"娴熟有准"；北洋七舰和广东二舰在大连青泥洼演放鱼雷，亦"均能命中破的"。

实际上，这些都是吹牛皮。后来，在黄海大战中，北洋舰队的军舰和鱼雷艇，在近距离向日舰曾发射过23枚鱼雷，无一命中。更不可思议的是，这次演习，竟让劲敌日本人也派兵船来看。李鸿章让这"纸糊的老虎"在波涛汹涌的海面上威风凛凛，"灵变纯熟，快利无前"，想必区区东洋舰队已经吓得缩进脖子，不敢窥视了。

历史常常捉弄人。仅仅过去约4个月时间，黄海海面上一场空前的大海战打响了，实战检验了李鸿章亲自糊的纸虎的威力。

第四章

黄海壮节感天动地

第一节　庆功会上揭真相

日本想借机发动对中国的侵略战争，是既定的国策，早已做了精心准备，派遣大量间谍收集情报，疯狂扩军备战，终于在朝鲜东学党发生动乱时，获得了诱骗中国出兵的机会，以海盗袭击的方式发动丰岛海战，打沉中国运兵船"高升"号，一千多名官兵壮烈殉国，并掳走护航舰"操江"号。

此次护航舰编队主力舰"济远"舰，管带方伯谦不顾"广乙"、"操江"和"高升"等舰船的死活，升起白旗和日本海军旗急急逃离战场，但在大副沈寿昌的指挥下抵抗过一阵子，尤其是水手王国成、李仕茂在紧要关头出于义愤，违令发了最后四炮，将日本联合舰队的王牌舰"吉野"号打得转头驶逃。因此，方伯谦是不会放过向上司邀功请赏的机会的。他向丁汝昌谎称与日舰"鏖战四点钟之久"，并"击死倭提督"。以委过冒功。此事在姚锡光《东方兵事纪略·海军篇》中是这样记载的：

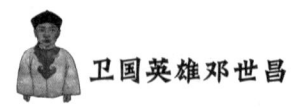

"柏（伯）谦既庆生还归威海，遂称击毙倭海军总统以捷闻。"

但是"纸是包不住火"的，"广乙"、"高升"的沉没，"操江"被掳以及一千多名官兵的殉难，怎能不掀起轩然大波？在"济远"舰官兵的众目睽睽之下岂能将罪作功，一手遮天？然而，在真相未明之时，方伯谦为了争取主动，虚张声势，竟恬不知耻地要举办一场庆功宴。

那天，方伯谦派部下向诸舰管带发了请柬，自然也送到了"致远"舰。邓世昌早已闻知海战的经过，他一向切齿痛恨贪官和贪生怕死之辈，尤其对这种颠倒功过、掩盖罪行的卑劣行径，更是嫉恶如仇，义愤填膺。他开始根本不想去，经过一番深思熟虑后，他觉得应该去，看看他们在这种场合究竟怎么表演？更要利用这个机会当众揭穿事情的真相。

提督衙门"柔远安迩"牌匾高挂，在大客厅内席间摆满了各种美酒佳肴，丁汝昌和各管带都被邀请来了。与方伯谦关系密切的北洋海军营务处提调牛昶晒不仅到场，还显得很活跃。

果然，"双簧戏"鸣锣击鼓开场了。一副奸相的牛昶晒，斟满一杯酒，来到方伯谦跟前：

"方大人，这头酒应该献给你。你这趟率队护航与优势倭舰首次接仗，竟把其王牌舰'吉野'打得狼狈逃窜，可谓海战奇功，可喜可贺啊，来，干杯！"牛昶晒接着转向大家说，"为方大人首战告捷干杯！"顷刻间，捧场声、碰杯声响彻大厅。

林永升带着厌恶的心情一直目睹牛昶晒的举动，他拨开众人，将酒杯高高举起，声如洪钟说道：

"这杯酒，应该献给那些打伤'吉野'的水勇们！"林永升早已从邓世昌那里了解到方伯谦挂白旗要投降的真相。

众管带齐声说："林大人说得对！勇士建功，令敌丧胆，为他们干杯！"

邓世昌一言不发，看看方伯谦和牛昶晒究竟如何一唱一和地表演。他实在不相信天底下竟有这种败类，敢用花言巧语，欺下瞒上，后来他实在憋不住了，就举杯高声说：

"诸位大人，鄙人认为，今日聚会不是什么庆功，应该是献酒祭忠。这杯酒应该献给那些宁死不屈、壮烈殉国的弟兄！"他把酒杯高高举过头顶，然后把酒轻轻地洒在地上，接着他说，"诸位大人，你们知道吗？'高升'号上一千多名官兵宁死不降，用步枪与敌舰巨炮对战。可是我们的护航舰竟然……"说到这里，邓世昌难过得泪水模糊了双眼。牛昶晒一看事情不妙，立即去扶邓世昌，说："邓大人，你酒喝多了……"有意把话题扯开作掩饰，"诸位大人，两军交锋，伤亡在所难免，我看，乘大家酒兴，

还是请方管带谈谈这次与倭舰激战的经过与用兵韬略吧！"

方伯谦为掩人耳目，发言早有准备，他当仁不让地侃侃而谈："这次运兵护航，一路顺风，我们一不招惹是非，二不主动攻敌。可是日舰早有预谋，以压倒优势兵力，气势汹汹向我逼近。我见形势不妙，就命令全舰做战斗准备。果不其然，倭舰突然向我开炮。此时，我率'济远'在前，'广乙'在后，保持一字队形，可是'广乙'不听号令，临阵脱逃，我主动迎敌，奋力与日军三舰拼杀，炮火屡中敌舰。此时'操江'管带主动投降，'高升'亦被迫停航。'吉野'恃强与我对战，我以猛烈炮火回击，将其重创，它只好狼狈逃走，于是我就率'济远'返航。激战经过大致是这样。"

邓世昌此刻再也沉不住气了，腾地站起来，走到方伯谦跟前，说道："邓某不才，生性愚鲁，有一事不明，洗耳恭听方大人指教。"邓世昌拱手讥笑地问道，"你说'主动迎敌'，向倭舰'吉野'猛烈炮击，为何未充分发挥前、后主炮威力，而要调转舰首单用尾炮呢？"

方伯谦一听此话就内心慌乱，再抬头看看邓世昌严肃而愤怒的表情，本来就白净的脸面唰地变得苍白。但他毕竟是个狡黠和老练之人，在局促瞬间之后立即镇定下来，答道："邓大人，兵法有言，水无常形，兵无常势，战无定规。只要对我有利阵位，管它前炮尾炮，只要打中敌舰就好，这是临机处置，随机应变嘛！"

牛昶昞一听，马上随声附和："对嘛！管它前炮后炮，命中就是好战法！"

"事实并非如方大人所说的那样吧？"邓世昌冷峻的语气如寒光闪烁的匕首，直指方伯谦的要害，继续问道，"方大人，'高升'号被击沉，是在'吉野'逃跑之前还是之后呢？"

"当然是之后！"

"恐怕不是之后而是之前吧？就算是'吉野'逃跑之后，那你为什么不去救援？你作为护航队的指挥官职责是什么？"邓世昌此刻气愤难忍地指着方伯谦的脑门，厉声说，"请问方大人，陆军兄弟一千多条生命到底断送在谁的手里？你到底是有功之臣还是有罪之人？"

邓世昌在大庭广众之下突如其来的质问，使大厅里的气氛顿时紧张起来，丁汝昌和管带们从邓世昌的两问中，已经领悟到方伯谦谎报军情，"庆功宴"被邓世昌变成"公审堂"。

方伯谦再也招架不住这一连串的质问，他的脸顿时一阵白，一阵红，神情惊惶，语言梗塞，但他还是强词夺理，指着邓世昌的鼻子说："你这是有意中伤，是嫉功陷害，要是你遇到'吉野'号那样的强敌，你能面面俱到地指挥吗？"

"好，上面两条暂且搁下，我问你，在'吉野'等三艘倭舰追击'济远'时，'济远'为何升起白旗？你说——"

"邓世昌，你胡说！陷害！你有何证据？"

邓世昌早有预料，做了准备，大声朝门外喊："叫证人进来！"

话音刚落，水手王国成、李仕茂已进来恭立侍候。此时，丁汝昌怒气冲天，他立即亲自询问他们当时的实情。王国成一五一十地把全部经过向丁汝昌诉说，李仕茂做了补充。方伯谦眼见没有退路，便拔出手枪要向王国成开枪，被邓世昌一把架住。丁汝昌大声喝道：

"方伯谦，你胆敢行凶，有王法军规没有？"

"庆功宴"自然不欢而散，"济远"挂白旗逃跑与水手王国成等主动发炮击伤"吉野"自然真相大白。

人们常说，现代社会已进入"信息时代"，确是如此。若与一百多年前的情况相比较，更可见信息灵通是现时代的特征之一。丰岛海战后，其作战经过，对提督丁汝昌来说，只凭方伯谦等人信口胡说，真实情况却是两眼漆黑。海战结束五天后，他曾向李鸿章报告说，风闻日本"提督阵亡，'吉野'伤重，途次已没"，请照赏额奖励"济远"官兵。又说"广乙"毫无消息，"迄今莫视，必被击沉"。李鸿章通过驻日公使汪凤藻核实，得知没有提督死、

"吉野"沉的消息，斥责丁汝昌说："此无确实证据，岂能滥赏？"又命北洋海军进入戒备状态。各船保持常火，官弁夜晚住船，不准回家。

因为大战临近，丁汝昌没有进一步追究方伯谦，以期他在海战中将功补过。事后，经过进一步调查，确实弄清了实情，丁汝昌将击伤"吉野"的功劳全部归于王国成和李仕茂两人。

第二节　"设有不测，誓与敌舰同沉"

李鸿章在丰岛战后，更加坚持其保守的消极防御方针，十分担心北洋海军与日本海军接触。因此，丁汝昌代表诸多爱国将领关于主动出击、寻敌决战的主张，屡次受到李鸿章的斥责，认为他们都"不自量力"。他坚持将北洋海军的活动范围严格控制在大同江口至威海卫一线以内。这是因为北洋海军和淮军是李鸿章政治地位的两根支柱，他决不允许"轻于一掷"。他一面严令丁汝昌，不许轻易出海觅战；一面于1894年8月29日密奏皇帝，

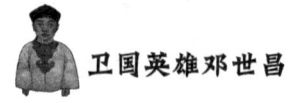

力陈海军不应轻掷之道。

李鸿章的所作所为，都是帮了日本人的大忙，都是他们求之不得的。日本人后来在总结黄海海战经验时说：

"海军政略之要，在于占有制海权。而占有制海权，则在于能否取攻势运动，此乃清国之失算。"

李鸿章"避战保船"的消极方针，引起清政府中以光绪皇帝为首的主战派的强烈不满和反对。他们错误地将北洋舰队消极避战的责任归咎于舰队的高级将领，严加斥责。8月26日，光绪皇帝竟下令以畏敌误机的罪名，将丁汝昌革职，命李鸿章遴员接代。

李鸿章心里很明白，丁汝昌当了"替罪羊"，于是上奏力保丁汝昌，同时，再次为他的战略主张辩护。李鸿章坚持认为，在敌强我弱的情况下，"不必定与拼击，但令游弋渤海内外，作猛虎在山之势，倭尚畏我铁舰，不敢轻与争锋"。仍然幻想不战而胜。最后，李鸿章的意见仍占了主导地位，清政府也同意将丁汝昌"暂免处分"，令其戴罪立功。

丁汝昌复职后，那种积极求战的锐气基本上消失殆尽。一次，他登舰视察时又有机会与邓世昌叙谈。邓世昌仍然坚持要主动寻机与倭舰决战，丁汝昌长叹一声后说："正卿兄，你我都是一介武夫，对倭作战战略方针是中堂大人之职权也，我辈只是惟命是从，效命疆场而已！"说此番话时，丁汝昌频频摇头，黯然神伤，唏嘘不已。

此时，邓世昌对战局的发展和战争的结果也看得很清楚了，所以也不再多言。丁汝昌离舰后，邓世昌磨墨挥毫，录岳飞《满江红》词。当写到"怒发冲冠，凭栏处，潇潇雨歇。抬望眼，仰天长啸，壮怀激烈"时，大副陈金揆敲门进来了。邓世昌立即收住了笔，招呼其坐下，与陈谈论起来……

"邓大人，你学黄山谷的书法真是神形兼备啊！"陈金揆首先欣赏邓世昌即兴挥就的这几行字，连声赞叹说。

"度臣兄过奖矣，山谷笔走龙蛇，学究天人，非我等所能企及，依帖涂鸦而已。"邓世昌边说边收起笔墨纸砚。

陈金揆（1864—1894），字度臣，江苏宝山人。1875年随清朝第四批官派学生赴美留学。先后完成了小学、中学学业，1881年入美国大学深造，不久奉诏回国，被派入天津水师学堂学习。学习期间曾赴"威远"练习船实习，遍历南北洋各口。光绪九年(1883)任"扬威"舰二副。1885年任把总，同年11月补"扬威"舰大副。1887年8月，随邓世昌赴英国、德国接收清廷购买的船只，协助邓世昌将"致远"等四舰带回，依功委任"致远"舰大副，荐保蓝翎千总(清代绿营军制，守备以下有营千总)。1889年10月，

署中军中营都司，擢游击、任"致远"舰帮带，兼领大副。

陈金揆为人忠厚老实，纪事必提其要，纂言必勾其玄，处理各种问题精细缜密，加之他具有强烈的敬业精神，可谓与邓世昌志同道合，是天生的合作伙伴。由于他们两人珠联璧合，所以长期以来一直在同一艘舰上工作，从"扬威"到"致远"，长达近十年矣，真是难得。陈金揆从内心里钦佩这位宽猛相济的上司和亲切豁达的兄长，邓世昌亦视其为知心好友，常常在一起推心置腹，剖肝沥胆，无所不谈。

看了邓管带近期来经常书写的兵法名言和今天的《满江红》词，陈金揆早就看到了邓世昌的内心世界，可谓"心有灵犀一点通"啊！

邓世昌首先询问了舰上弟兄们对近期局势的反应和士气状况。

陈金揆答："倭人自寻衅挑战以来，舰上官兵皆怒不可遏，同仇敌忾，摩拳擦掌，欲与倭贼决一死战，为身沉碧海的弟兄们报仇雪耻。将自己积蓄寄家者有之，请亲朋好友托办后事者有之，给双亲、子女留下遗嘱者亦有之，慷慨激愤之情令人感奋不已。"

邓世昌紧蹙双眉，凝神沉思。

"武器装备完好无损，保持战备状态，此乃克敌制胜之要诀，"邓世昌沉默片刻后继续说道，"轮机乃军舰之心脏，铁骑之四蹄，要嘱管轮勤察常验，不留纤芥之患，保证临敌能全速疾驶；枪炮与鱼雷乃制敌于死命之利器，要随时能显霹雳之威，务须精细检查保养也。"

"卑职已巡查过多次，官兵皆尽心尽责，请大人放心。"陈金揆答。

"各水密门橡皮陈旧老化，失去效能，吾已说过多次，如今大战临近，速报请营务处尽快更换。接战时军舰破损在所难免，此事切不可小看，乃全舰安危之所系，务须近日办理。"邓世昌再次提到此桩心病，表情中也有所不满。

陈金揆表现出一脸委屈与无奈，只好照情实告："卑职已多次上报、恳请，营务处只答无此经费。"

邓世昌抑制住一腔怒气，平静地说："将吾俸银购买此物可乎？缺额另行设法补之。可惜邓某除了短褐青衫，无有积蓄。"

"若只缺银两，吾亦想到过动用卑职积蓄，无奈无处购得此物……"

邓世昌闻此言后猛然站起，双目远视舷窗外，久久不语。

管带室内出现了可怕的沉默。

邓世昌深沉思索之后，继续同陈金揆说："'高升'之壮烈与'操江'受凌辱，真乃是人生之最好教科书。前辈有言：'人生自古

谁无死，留取丹心照汗青'，吾辈虽位卑言轻，既无补天之术，也无回天之力，然而国难当头，热血男儿何惜七尺之躯？"

"大人所言极是，卑职铭刻于心！"

邓世昌接着说了一句他对部下常说的掷地有声的话：

"人谁不死，但愿死得其所耳！"

"纤弱女子竟能言：'生当作人杰，死亦为鬼雄。至今思项羽，不肯过江东。'我辈堂堂须眉，从戎之日起，早已置生死于度外矣。"陈金揆说道。

"设有不测，誓与敌舰同沉！"邓世昌似有预感，说出了他的铮铮誓言。

陈金揆以坚毅的目光与邓世昌相碰，表达了他们两人准备与敌决一死战的决心。

陈金揆走后，邓世昌从抽屉里找出了一枚他最喜爱的手指见方的白玉印章，上刻"邓正卿印"字样，细心地用宣纸将它包了起来……

第三节　旗舰中弹主将受伤

丰岛之衅既开，日本已揭开战争之幕。此时日军大举入朝，朝鲜局势已完全恶化。8月1日，中日双方同时向对方宣战。

9月15日，丁汝昌率北洋舰队主力从威海基地开赴大连湾，停泊在大三山岛附近，一面补充煤水，一面等待运兵船搭载陆兵及辎重。当丁汝昌率大队舰艇18艘，护送分乘"新裕"、"图南"、"镇东"、"利运"、"海定"5艘运兵船载陆军10营4000人，浩浩荡荡地驶出旅顺口时，已是16日凌晨了。在静谧的月光下，舰队呈一字长蛇阵，在波平如镜的海面上向北缓慢地移动着。

月亮渐渐地沉下去了，星星依然在闪耀，当黎明最初的一抹淡色隐隐闪现在海天之际，海和曙光在第一缕蓝幽幽的晨曦中拥抱时，大东沟遥遥在望了。

"准备登陆！"丁汝昌命令"镇南"、"镇中"两炮舰和四艘鱼雷艇护送运兵船沿大东沟溯江而上，向登陆点靠近，自己亲

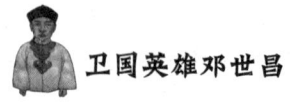

率"定远"、"镇远"、"致远"等主力舰在大东沟外担任警戒。

接着他下达了"尽快卸船！"的指令，他深知在这里不能耽搁太久。

17日上午8时，旗舰"定远"挂旗，准备返航。9时许，丁汝昌传令进行"巳时操"。

10时23分，正在航进的日本头舰"吉野"，发现东北水平线上有黑烟一缕，一面向本队发出信号，一面径向有黑烟处继续前进。11时许，北洋舰队也发现了日舰。双方距离在不断接近。

丁汝昌登上甲板，遥见西南方向有烟东来，断定必是日舰，遂传令"升火！"各舰伙夫正在准备午餐，此令一下，当然谁也顾不上吃饭，各就各位紧张地作战斗准备。

日本联合舰队司令伊东祐亨见北洋舰队阵势严整，担心士兵临战畏惧，特别下令准许"随意吸烟"，以安定心神。

更为奇特的是，伊东没有下达战斗准备的命令，而是挂出第一个信号旗令："用餐！"

对丁汝昌立即下达战斗准备的号令，无可非议。难道敌舰正在驶近，还能懈怠和顾得上按时或提前用餐吗？

然而，对伊东的考虑和指令，我们不能不赞叹他具有大将风度。当然在客观上，伊东是主动来找战机，早有心理准备；而丁汝昌是突然遇敌，难免有点惊慌。这好比一个身带利器、蓄意前来寻衅的恶棍、亡命徒，当他见到你时笑嘻嘻的，无紧张表情，平静地说："这回终于找到你了，过过招吧！"伊东亦然。

在日本联合舰队变阵扑向北洋舰队右翼的同时，北洋舰队则保持每小时8海里的航速，一面将阵式向扁"人"字形展开，一面向敌舰冲击。据日舰观测：此时中国凸形阵尖端之铁甲舰上"沉寂无声，有一士官于前樯楼上以六分仪测其距离，每动小信号旗报知距离远近……距离渐近，俄而迅雷轰空，白烟蔽海，忽有炮弹飞落日舰'吉野'侧，即旗舰'定远'右舷露炮塔所放也。是为黄海海战第一炮声，盖此炮声唤起三军士气也"。

时为12时50分，"定远"在距敌5300米处发炮，落于"吉野"舷左100米处，仅隔10秒之后，"镇远"驶至距敌舰5200米时发出第二颗炮弹。12时53分，日本旗舰"松岛"进至北洋舰队3500米时，也开始发炮。于是，双方舰队大小各炮，连环轰发，不稍间断，展开了激烈的炮战。

海战第一阶段，北洋海军勇冲敌阵，士气高昂。不幸的是，开战不久，丁汝昌便负伤，不能再指挥战斗，而只能由刘步蟾"代为督战，指挥进退"。丁汝昌究竟如何负伤？又成了一个众说纷纭的未解之谜。其实此"谜"不难解开，最重要依据应该是丁汝

昌自述，别人凭道听途说皆不足取，让让我们来读丁汝昌与李鸿章的往来电文。

光绪二十年八月廿一日戌刻（1894年9月20日）《寄译署》电称：

十八日与日接仗，昌上望台督战，为日船排炮将'定远'望台打坏，昌左脚夹于铁木中，身不能动，随被炮火将衣服焚烧，虽为水手将衣撕去，而右边头面以及颈项皆被烧伤。彼时虽为人抬，上下不觉过重，现在头脚皆肿，两耳流血水，两眼不能睁开，日流黄水，脚日见肿，皮肉发黑，疼痛异常，言语稍多，心即摇摆不宁，无能自主。请于两镇中饬一人暂行代理，昌伤稍愈再行办事。

查丁提督受伤后，伤发肿痛难支，自系实情。海军右翼总兵刘步蟾，经此战阵，稍有阅历，可否准令暂行代理全军事务。俟提督伤愈再照常办事。候旨遵行。请转奏。鸿。

上述电文中，前面是丁汝昌向李鸿章汇报战况与他如何受伤的报告，以及提出于刘步蟾、林泰曾中择一代理他职务的请求。后面则是李鸿章请译署"转奏朝廷"的意见。

黄海大海战后的第三天，丁汝昌郑重其事地向李鸿章报告自己受伤的经过，竟遭到后人怀疑其真实性，这本身是不合情理和逻辑的。一个人自己怎么受伤，只有他本人最清楚，这个亲口"证词"胜过百篇"旁证"。诸如他不敢向上揭发刘步蟾发炮将自己震伤、故意编造受日舰所伤的猜想，是有悖事实和常理的奇谈怪论。

丁汝昌受伤是被炮火烧伤的，他在旅顺养伤时，旅顺营务处道员龚照屿前往探视，亦亲眼看见丁汝昌"右臂半边被药烧烂，左臂为弹炸望台木板击伤"的情况，难道龚照屿故意说谎话欺骗朝廷吗？他有什么必要呢？那么，就凭丁汝昌"遭烧伤"的事实，足可否定是本舰发炮震跌致伤，因为震跌致伤是外伤，而不是烧伤。

第四节 险些炸死敌军司令

日本海军军令部长桦山资纪（1837—1922），鹿儿岛人，幼名觉之进。1871年（明治四年）任陆军大队长。1874年参加侵台战争。1884年，由陆军少将转为海军少将，次年晋升为中将。1894年7月，在甲午战争爆发前夕，反对原日本海军军令部长中

牟仓之助关于日本海军战略上应取守势的主张，提出应把日本海军力量全部集中起来，组成一支联合舰队，主动向中国海军进攻，消灭其有生力量。此见正合天皇之意，于是受领特旨，接替中牟海军部长之职。

战前，作为海军当局的最高统帅，又亲自领受了睦仁天皇的旨意，7月23日，命联合舰队伊东祐亨率22艘舰艇由佐世保港出发，临行前，要求伊东祐亨与北洋舰队誓死决胜，为大和民族创造一个奇迹。他认为不能辜负天皇的高度信任与嘱托，故亲自登舰出来督战。

桦山资纪毕竟不是海战现场直接的指挥官，故没有登上"松岛"舰。此刻，他站在由日本邮船会社改成代用战舰的3000吨级的"西京丸"上，严密注视着战局的变化。

"部长阁下，此处危险，请阁下下到舱室先歇息？""西京丸"船长出于关心提醒道。

桦山资纪脸色阴沉地摆了摆手，使船长不敢再吭声。

炮声一响，北洋舰队摆出"人"字阵，迎战联合舰队的单纵队，就使桦山心头暗喜。因为他知道，北洋舰队海上训练，都是死搬硬套英国海军几十年前的老模式，刻板到不敢越雷池一步。并且他早已从间谍获取的情报中得知，平时，将士们也很少切磋战术，训练中弄虚作假已经成习。

炮战已进行了数十分钟，北洋舰队仍然未组织起队形，一直各自为战，这使他疑惑不解。编队作战，如果组织不起队形，就形不成整体战斗力和互相支援配合，丁提督为何如此无能？此刻，他并不知道丁汝昌已经负伤。

北洋舰队的混乱使他产生一阵喜悦。忽见左舷的"比叡"舰挂起了"本舰火灾，退出战列"的信号旗，右舷的"赤城"舰也处于北洋舰队四舰的围攻之中，"赤城"以右舷炮还击，中弹甚多。桦山资纪见势不妙，遂于2时15分，令信号兵挂起"'比叡'、'赤城'危险"的信号，并命令第一游击队回援左翼。

正在此时，北洋舰队停泊在大东沟港口的"平远"、"广丙"两舰赶来参加战斗，港内的"福龙"、"左一"两艘鱼雷艇也驶至作战海域。"平远"从东北方向驶来，恰好经过"松岛"的左侧，便向"松岛"进逼。下午2时30分，"平远"与"松岛"相距2800米，又缩短至2200米，突然发射260毫米口径炮弹，击中了"松岛"的中央水雷室，击毙其左舷鱼雷发射手4名。"松岛"发炮还击，命中"平远"的前座炮，炸毁"平远"的260毫米主炮，并引起火灾。"平远"管带都司李和为扑灭烈火，下令转舵驶向大鹿岛方向，暂避敌锋。"广丙"管带都司程璧光也随之驶避。

海战开始后，因"西京丸"列入非战斗行列，距北洋舰队较远，故受伤不重。当"西京丸"随日舰本队向右转弯时，其右舷便正暴露在北洋舰队的前方。"定远"、"镇远"趁机开炮，一颗炮弹穿过"西京丸"的客厅，在客厅和机械室之间爆炸，将气压计、航海表、测量仪器等全部击毁；还将通往舵轮机的蒸汽管打断。"西京丸"被迫发出"我舵故障"的信号，改用人力舵。不久，又一弹飞来，击中"西京丸"右舷后部水线，立即出现裂缝，灌进海水。

就在"西京丸"处境危急的时刻，更可怕的情景出现了。在下午2时35分，鱼雷艇"福龙"见"西京丸"受伤，就驶近攻击。

当相距400米时，"福龙"向其发射了一枚鱼雷。

"鱼雷！鱼雷！"瞭望兵惊慌失措地叫喊起来。

桦山资纪亲眼看到"福龙"施放的鱼雷，翻着白色的浪花，流星般地向"西京丸"射来。

"规避！规避！"桦山资纪面无血色地吼叫着。

"西京丸"艰难地调转船头，纵向迎鱼雷全速前进。它的船头所激起的激流改变了鱼雷的方向，使鱼雷从右舷的一米处唰地擦过。

"走线了！""福龙"号的鱼雷手气得直跳脚。

"福龙"号立即调整了航向，再一次利剑般地从"西京丸"

左舷逼来。

100 米……80 米……

"福龙"号发射了第二枚鱼雷。

顷刻间，"西京丸"已经没有躲避的时间和回旋的余地，桦山资纪惊呼："我事毕矣！"便闭上了双眼。

其他将校也都相对默然，目视鱼雷袭来。

然而，两分钟过去了，三分钟过去了，仍然没有听到鱼雷爆炸的声响，也没有感到巨大的震动。"福龙"在这么近距离施放的鱼雷，竟从"西京丸"的船底穿过去了，又没有命中！

"西京丸"船长失魂落魄地驾船向南驶逃。

桦山资纪双手合拢，念了一句"阿弥陀佛"。

他的这条白捡的命，是李鸿章之辈只求放鱼雷"好看"而赐予他的。日本舰队在海战中一艘未沉，也是李鸿章之辈"糊纸虎"赐予的恩惠。

命既然已捡回了，桦山资纪是不会感恩的。而且这次历险令他永志不忘，决心要用加倍的惩罚予以偿还。

第五节 "致远"号撞向"吉野"

"西京丸"这号是船非舰的角色，本来就是"跑龙套"的，中炮和逃跑对日本联合舰队的战斗力无甚影响。

黄海大战一开始，北洋舰队即以后翼梯阵猛冲直前，"定远"位于楔状阵形的尖端，"镇远"则在"定远"之右侧而略偏后，像锐利的锋刃插向敌舰群。日舰第一游击队先是直攻北洋舰队的中坚，可是看到北洋舰队来势甚猛，特别是"畏定、镇二船甚于虎豹"，便急转弯向左，以避"定远"、"镇远"的重弹。这样，日本先锋诸舰的右舷就暴露在北洋舰队的正前方。开战仅三分钟，一颗炮弹飞来，"击中'吉野'，穿透铁板在甲板上爆炸"。"秋津洲"也随之中弹，死伤多人。

炮声如一连串惊雷炸空，硝烟迅速弥漫，将整个海面笼罩。

狡猾的第一游击队司令官坪井航三，率"吉野"、"高千穗"、"秋津洲"、"浪速"四舰，借助硝烟的掩护，以斜线从"定远"、

"镇远"之前夺路而进，直扑北洋舰队右翼末端的"超勇"、"扬威"两舰。12时55分，坪井航三发出信号："适时开炮！"当"吉野"进至距"超勇"、"扬威"二舰3000米时，猛烈发炮。"高千穗"、"秋津洲"、"浪速"也立即加入围攻。

"超勇"、"扬威"二舰，系清廷最早从英国购进的木质铁皮旧式快船，舰种虽名为"巡洋"，其实名不副实，充其量是浅水炮舰，吨位1350吨，航速当时只有12节，舰龄近二十年，垂垂老矣，早已成为北洋舰队攻击力和防御力最弱的舰只。严格说来，派其出海护航"充数"，已是重大失策，战时成为软肋和累赘。

在双方激战几小时之后，北洋海军的"超勇"沉没，"扬威"搁浅，"平远"受伤，"广丙"离去，"福龙"和"左一"无能，此时，在战场上，中国八舰和日本九舰正在激烈地战斗。由于日舰采取分队夹击的战术，北洋舰队陷入了腹背受敌的困境。特别是日舰以"吉野"、"高千穗"、"秋津洲"、"浪速"四舰组成的第一游击队，凭着优良的性能，一直保持着建制，以高度机动和猛烈炮火，合力对北洋舰队孤立的舰只进行围攻。

在这战局极为不利的危急时刻，北洋舰队将士皆怀同仇敌忾之心，继续与敌搏战。丁汝昌身负重伤，不能站立，而置个人生命危险于不顾，拒绝部属要他进舱养息的规劝，裹伤后始终坐在

甲板上激励将士。"各将士效死用命，愈战愈奋，始终不懈。"由于海战开始不久，"定远"的信号装置被敌舰的排炮摧毁，指挥失灵，因此除"定远"、"镇远"两姊妹舰始终保持互相依恃的距离外，其余诸舰只能各自为战，以一对众，伴随敌舰之回旋而战斗。

于是，战场上出现了这样的局面：日舰第一游击队位于北洋舰队的正面，"以快船为利器，而'吉野'为其全军前锋，绕行于我船阵之外，驶作环形，盖既避我铁甲巨炮，而以其快炮轰击我左右翼小船，为避实击虚计"；日舰本队则位于北洋舰队的背后，作为策应，回旋炮击，使北洋舰队首尾难以相顾。日舰两支"左右环裹而攻"，使北洋舰队更加凌乱不堪。虽如此，各舰仍拼死抵抗，与敌相拒良久。

战至下午3时4分，"定远"忽中一炮，"击穿舰腹起火，火焰从炮弹炸开洞口喷出，洞口宛如一个喷火口，火势极为猛烈"。"定远"舰上正集中人力扑灭火灾，攻势减弱，而火势益猛，暂没有扑灭的迹象。这时，日舰第一游击队不失时机地向"定远"扑来，炮击愈频，使"定远"处于十分危急之中。

"打沉定远"是日本海军和全国民众歇斯底里地喊叫了多年的口号。"定远"是北洋舰队的旗舰，一旦"定远"被打沉，北洋舰队就可以全军被歼,现在这个战机已到了!伊东祐亨欣喜若狂,指挥各舰,如同群狼一样,猛扑过来,企图将其一口吞掉。

在这千钧一发之际,"镇远"管带林泰曾命帮带大副杨用霖驾舰疾驶,上前掩护。

"定远"要坚决保卫!"镇远"也不能蹈敌重围!

"致远"管带邓世昌见此情景,为了保护旗舰"定远",保护主力舰"镇远",决心舍生忘死,挺身挡住锋刃,迎战来敌。

邓世昌命令大副陈金揆:"开足机轮马力,驶出'定远'之前!"

"致远"舰如一头激怒了的雄狮,振鬣狂奔,冲向前去,"阵云缭乱中,气象猛鸷",截断了"吉野"的航向,挡在了"定远"的前面。

半路里突然杀出这么一个程咬金,使打沉"定远"的如意算盘落了空,让坪井航三和"吉野"舰长等日舰指挥官十分恼怒,马上集中火力对付"致远"。第一游击队诸舰也将炮弹如疾风暴雨般地倾泻在"致远"舰上。在激烈的战斗中,"致远"舰中弹累累。

"邓大人,左舷起火!"

"邓大人,三舱中弹进水,现在水开始向机舱涌流!"

"邓大人,炮弹已经打光!"

"邓大人，前主炮被毁！"

在这样的危急情势下，邓世昌检阅了全舰250名官兵，庄严训曰：

"吾辈从军卫国，早置生死于度外，今日之事，有死而已！"又说，"然虽死，而海军声威弗替，是即所以报国也。"话刚说完，一声巨响传来，"致远"舰又被敌炮一发巨弹击中，舱面损毁严重。

在邓世昌的鼓动和榜样激励下，"致远"舰官兵气冲霄汉，毫无惧色。

此时，日舰"吉野"适在"致远"前方。邓世昌见"吉野"横行无忌，早已义愤填膺，准备与之同归于尽，以保证全军的胜利。

他对大副陈金揆说："倭舰专恃'吉野'，苟沉是船，则我军可以集事！"陈金揆深为感动，便道："邓大人所言极是，我舰与其同归于尽，必大挫日军锐气，兴许可以转危为安，转败为胜！"说完，便开足马力，"鼓轮怒驶，且沿途鸣炮，不绝于耳，直冲日舰而来"。

"对准'吉野'，冲上去，撞沉它！"邓世昌把辫子一甩，怒不可遏地喊道。

800米；

600米；

500 米；

……

舵手中弹倒下，邓世昌亲自掌舵，"致远"舰像一条火龙，像一支离弦的箭，飞驰在黄海的滚滚波涛之中。

站在"吉野"舰桥上的坪井航三见"致远"奋然挺进，一直向前冲锋，愣了片刻，他忽然醒悟了，原来，负伤的"致远"破釜沉舟，用的是冲撞战术，太可怕了！

坪井航三大声地喊道："全部炮火对准'致远'！"于是第一游击队四舰便以群炮萃于"致远"，连连轰击，巨弹有如雨霰。有几颗榴弹同时命中"致远"水线，"致远"大量进水。因为各舱室水密门橡皮垫年久老化，战前多次请求更换未果，使各舱室门本可密封形同虚设，海水大量灌入舱室，迅速漫延，"致远"浮力骤减。

突然，"轰！"又一发重型榴弹穿透机舱，随之发生一阵猛烈爆炸。

这一次大爆炸，是致命的一击。"致远"舰右舷遂倾斜，舰首先行下沉，推进器直现于空中，犹在旋转不已。

邓世昌与大副陈金揆、二副周居阶以及他的堂弟邓世坤同时沉海。

"舰沉，公犹植立水中，奋掷詈敌。"

邓世昌落水后，其仆刘相忠同时坠水，以其救生圈付之，拒不受。"左一"鱼雷艇也赶来相救，艇上水手高呼："邓大人，快上札杆！"

邓世昌不应，"以阖船俱没，义不独生，仍复奋掷自沉"。此刻，他的爱犬凫到身边，"衔其臂不令溺，公斥去之，复衔其发"。

邓世昌"顾视全舰荡没，慷慨言曰：'事已至此，义不独生！'"誓与舰共存亡，决心以死来唤起民族的觉醒，毅然用力按爱犬入水，自己也随之没入波涛之中。

英、法各国水师观战者，咸啧啧称叹，谓世昌忠勇，为不可及云。

舰上管理机务的英人余锡尔先受重伤，与舰同沉。此役，邓世昌统领下的"致远"舰全体官兵无一人胆怯、动摇和偷生，"全船二百五十人无逃者"，用集体生命谱写了一曲惊天动地的壮歌。

"该舰乘员大抵葬身海中，遇救者仅水兵七名耳。"邓世昌出征之时，不期生还，亲手所留之物仅为一枚白玉印章"邓正卿印"，一口宝剑，四幅屏条。"身殁之后，家无余财。"

生为长城，死为国殇；四海同哀，六军袒哭。堂堂君子，男儿气概，其志吞鲸鲵之腹谁能度？怪不得连李鸿章闻之也叹曰："不图斯世尚有此人，而卒以捐躯报国，所谓言能顾行者，非欤？"

一代民族先烈之高风亮节与日月同辉。

第六节　北洋四舰挽狂澜于既倒

　　日本联合舰队此次黄海决战的战略目标是全歼北洋舰队。决战打响后，北洋舰队已被击沉四舰，"济远"与"广甲"逃离战场，致使北洋舰队更加居于劣势，处境极为困难。但"定远"、"镇远"、"靖远"、"来远"四舰将士拼死战斗，誓与敌人搏战到底。因此，战场出现了敌我相持的局面。

　　下午3时20分以后，双方舰队开始分为两群同时进行战斗：日观本队"松岛"、"千代田"、"严岛"、"桥立"、"扶桑"五舰缠住"定远"和"镇远"；第一游击队"吉野"、"高千穗"、"秋津洲"、"浪速"四舰则专力进攻"靖远"和"来远"。日本方面的企图是：将战场上仅余的四舰分割为二，使之彼此不能相顾，先击沉较弱的"靖远"、"来远"两舰，然后全军合力围攻"定远"和"镇远"，以期胜利结束战斗。到此时为止，对于北洋舰队来说，形势确实十分险恶。日本联合舰队倚仗其舰多势众，对中国四舰又是环攻，又是猛逼，恨不得一下子将其吃掉，早奏凯歌。但是，中国四舰巍然屹立，英勇搏战，使日舰徒唤奈何。

面对日舰第一游击队的猛攻，"靖远"、"来远"将士打得十分勇敢顽强。二舰尽管舰型不同，而且不是一个编队，但"靖远"管带叶祖珪和"来远"管带邱宝仁觉察到敌人用心险恶，以及本身处境之危便临时结成姊妹舰，彼此保持一定距离以互相依持，坚持斗争到底。

叶祖珪，字桐侯，福建闽侯人。1876 年考入福州船政学堂第一届驾驶班。1877 年赴英国格林尼治海军学校留学。学成归国后，在海军衙门任职。1881 年以都司衔尽先守备，管带"镇边"炮舰。1884 年中法战争中，率"镇边"舰防守北塘。1887 年赴英国接管"致远"、"靖远"等四舰，以功得捷勇巴图鲁称号。1889 年 6 月，升署中军右营副将请以花翎副将衔补用参将，委带"靖远"舰。1891 年，赏换纳钦巴图鲁勇号。

叶祖珪指挥"靖远"舰紧随旗舰，奋力应战。得知旗舰桅楼被毁，无法指挥时，主动代替旗舰，升起队旗，重振北洋舰队声势。在"靖远"舰遭到日舰四艘围攻时，舰体中弹 100 余颗，特别是水线为敌弹所伤，进水甚多，伤势严重，情况紧急。叶祖珪临危不惧，一面指挥战斗，一面指挥堵漏和排水。为了扑灭烈火和修补漏洞，

并使"定远"、"镇远"得以专力对敌,叶祖珪向"来远"发出了"西驶"的信号。

"来远"舰与"靖远"舰一起,以寡敌众,苦战多时,中弹比"靖远"还多一倍,达200余颗,遭受重伤,然而,管带邱宝仁镇定自若,指挥全舰官兵扑火、补漏、排水,使战舰仍保持一定的战斗力。

邱宝仁,福建闽侯人。1867年考入福州船政学堂第一届驾驶班。1871年上"建威"练习船实习。1875年上"扬武"练习船实习。1879年任"镇东"舰管带。1887年与邓世昌、叶祖珪、林永升一起出洋接带"致远"等四舰。以接带有功,赏给劲勇巴图鲁勇号。1889年,署右翼左营副将,委带"来远"舰。1892年4月,实授右翼左营副将。

在激战中,"来远"中弹后,造成猛烈火灾。延烧舱室数十间。尽管舰上烈焰腾空,被猛火包围,邱宝仁自己也身受重伤,但他以超人的意志和毅力,指挥炮手依然向敌舰发射不停。史料记载:"来远"后部因敌弹起火灾,火焰熊熊,尾炮已毁,仅有首炮应战。舱面人员悉忙于消防,因通气管有引火之虞,亦为解除。机舱热度增至200度,而舱内人员犹工作不息。及火灾消弭后,机舱人员莫不焦头烂额。

"来远"将士这种艰苦卓绝的斗争精神和视死如归的英雄气

概，赢得了全军上下的赞佩，连当时在附近观战的西方海军人士也无不视为奇迹。战后，"来远"驶归旅顺，中外人士睹其损伤如此严重，尚能平安抵港，皆为之惊叹不止。

当"靖远"向"来远"发出信号后，"来远"遂先西驶，"靖远"紧跟其后，冲出日舰第一游击队的包围，驶至大鹿岛附近。"靖远"、"来远"先占据有利地势，背靠浅滩，一面以舰首重炮对敌，一面抓紧灭火修补。"吉野"等四舰尾追而来，然已失地利，只能来回遥击，丧失了自由机动能力。"靖远"、"来远"终于赢得了修补灭火时间，这才化险为夷。

此时，在作战海域，中国仅余"定远"、"镇远"两艘铁甲舰，还在同日本舰队激烈战斗。二舰虽处在 5 艘敌舰的包围之中，但毫无畏惧之意，坚决抗击。

"各将弁誓死抵御，不稍退避，乱弹霰集，每船致伤千余处，火焚数次，一面救火，一面抵敌。"

日方记载也承认这样的事实："'定远'、'镇远'两舰顽强不屈，奋力与我抗争，一步亦不稍退。""我本队舍其他各舰于不顾，举全部五舰之力合围两舰，在榴霰的倾注下，再三引起火灾。'定远'甲板部位起火，烈焰汹腾，几乎延烧全舰。'镇远'前甲板部位殆乎形成绝命大火，将领集合士兵救火，虽弹丸如雨，

仍欣然从事，在九死一生中毅然将火扑灭，终于避免了一场危难。"

日舰甚至用望远镜观测到"镇远"舰上有一名军官正在"泰然自若地拍摄战斗照片"。可见，尽管战场险象环生，但两舰将士依然怀着必胜的信心。

在这场你死我活的大搏斗中，刘步蟾肩负重任，当仁不让，面对强敌，无所畏惧，率领全舰将士"誓死抵御，不稍退避"。他以熟练的航行技巧，"指挥进退，时刻变换，敌炮不能取准"，终于稳住了阵势。

刘步蟾（1852—1894），字子香，福建侯官人。1867年入福州船政学堂学习驾驶、枪炮。1874年任"建威"舰管带。1875年赴英、法考察学习西方近代武器技术。1877年赴英国留学，三年后毕业回国，留职北洋，充"镇北"炮舰管带。1885年，赴德国督带"定远"等舰回国。翌年任"定远"舰管带，授参将，不久升任副将。在筹建北洋舰队时规划制度，拟定章程，卓有贡献。1888年北洋舰队正式成军时，授为右翼总兵兼"定远"舰管带。"弃身锋刃端，性命安可怀。"在刘步蟾的正确指挥下，全舰上下一心，勇抗强敌，"炮手及水兵皆激奋异常，毫无畏惧之容"。

据日方记载："定远"对"配备大口径炮之最新式诸巡洋舰毫不畏惧"，"陷于厄境，犹能与合围之敌舰抵抗。'定远'起火后，甲板上各种设施全部毁坏，但无一人畏战避逃"（［日］川崎三郎《日清战争史》，第7编上，第3章，第70—71页）。

"镇远"舰的管带林泰曾和帮带大副杨用霖表现也很突出。

林泰曾（1851—1894），字凯仕，福建侯官人。林则徐孙。1867年入福州船政学堂学习海军阵法和驾驶。毕业后在南洋任职。曾巡历南北洋。1874年充"安澜"炮舰枪械教习，同年冬，调任"建威"练习船大副。1875年赴英国采办军用物资并考察船政。1877年赴英国留学，学习海军技术。1879年回国，先后任"飞霆"、"镇西"炮舰管带。1880年随丁汝昌赴英国接收"超勇"、"扬威"两快船，依功授予参将。1882年擢副将。北洋舰队成军后，授左翼总兵兼"镇远"舰管带。

杨用霖（1854—1894），字雨臣，福建闽县人。1871年参加海军，在"新艺"炮舰为船生，从管带许寿山学习英语和驾驶、枪炮等技术。因刻苦勤奋，航海技术高超，不久升任"振威"炮舰管炮官、"新艺"炮舰二副。1879年先后任"飞霆"、"镇西"两舰二副。1880年随丁汝昌赴英国接收"超勇"、"扬威"二舰，任"超勇"二副，回国后升任大副。1885年调任"镇远"舰大副，后升帮带大副，赏戴花翎。1888年升右翼中营游击。1891年升参将，加副将衔。为人"沉毅忠勇"，治军"严明有威"。

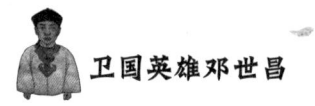

临战前，林泰曾下令卸除舰上的舢板，以表示"舰存与存，舰亡与亡"之意。

杨用霖则激励将士说："时至矣！吾将以死报国，愿从者从，不愿从者吾弗强也。"众皆感动得流泪说："公死，吾辈何以生为，赴汤蹈火，惟公所命！"

杨用霖协助林泰曾指挥全舰将士奋力搏战，弹火飞腾，血肉狼藉，而神色不动。

在林、杨的指挥下，"镇远"与"定远"紧密配合，共同对敌，战绩卓越。林、杨指挥沉着果断，"开炮极为灵捷，标下各弁员亦皆恪遵号令，虽日弹所至，火势东奔西窜，而施救得力，一一熄灭"。

日人亦称："'镇远'与'定远'配置及间隔，始终不变位置，用巧妙的航行和射击，时时掩护'定远'，奋勇当我诸舰，援助'定远'且战且进。"北洋舰队独剩两艘铁甲舰之所以能够同五艘日舰相搏而久持，始终坚不可摧，"镇远"将士是做出了重要贡献的。

"定远"、"镇远"两舰在战局急转直下的关头，仍然巍然屹立，力挽狂澜，终于化被动为主动。对此，英国斐利曼特海军中将评论说：

日本舰队之所以"不能全扫灭华军者，则以有巍巍铁甲船两大艘也"。确非虚语。

"定远"与"镇远"一靠勇敢无畏，二靠配合默契，终于顶住了日舰本队的猛烈进攻。特别是作为专门对付这两艘铁甲舰而设计制造的"三景舰"，炮的口径比定、镇还大 15 毫米，即达到 320 毫米，但并非那么厉害和可怕，定、镇两舰反而给它们以致命打击。

就在"定远"与"镇远"处境极为险恶的时刻，日本联合舰队司令伊东祐亨乘坐的旗舰"松岛"号下甲板被我舰 305 毫米主炮开花巨弹击中，近旁弹药库爆炸，霹雳一声，炮台指挥官海军大尉志摩清直以下，死伤一百余人，死尸山积，血流满船，舱内大火，烈焰四腾，悲惨万状。后虽冒死扑灭，而舰上主炮和其他火炮都已被破坏，"松岛"舰"陷于完全不可收拾状态"，不得不退出战斗。舰队也跟着退出，于下午 5 时 30 分撤离东去。

"松岛"舰是日本政府于 1892 年由法国人帮其精心设计制造后购进的，其构造采用当时的最新的技术，特别是采用把椰树果的粉末涂在舰体的吃水部的外皮与内面，此举是其他军舰所从未用过的，因为椰子具有膨胀性，以它来做涂料能充塞其间隙，并具有防敌弹的弹力性，从而发挥特殊的功效。"松岛"舰号称在日本海军中屈指可数的"坚舰"。舰长是海军大佐尾本智道，

副舰长是海军少佐向山慎吉。它与"桥立"、"严岛"舰成为姊妹舰，320毫米巨炮，号称东洋第一。在航速方面也高于大清海军所有军舰。

当伊东祐亨踌躇满志地登上旗舰"松岛"号时，就认为此舰是无畏和无敌的。但实际上，在黄海大战中，"松岛"舰被打得最为狼狈，我们从日本海军大尉木村浩吉的回忆手记中可见"松岛"舰的惨烈景况：

（第一次）零时58分，一发炮弹击中我"松岛"舰320毫米炮炮塔之一侧，击毁了舰炮旋转装置，击伤了两名炮手，而且打坏了压水管。

（第二次）2时30分，"平远"舰其目的想在我本队前横截，再急转方向想突击"松岛"舰，距离1500米，"平远"舰之260毫米炮发射的炮弹，击中"松岛"舰220毫米炮炮位。舰内火焰升起，烟雾腾腾，巨弹射到"松岛"舰左舷中下甲板医疗室，击破一寸钢铁，通过水雷发射管下，使320毫米炮塔已变成无数多的碎片，中央水雷室猛烈震动，硝烟弥漫，人近咫尺，难以辨认……

（第三次）"平远"又有一弹击中中央水雷室，弹片四起，室内四周的壁上喷溅着骨肉碎末，甲板上流淌着血肉相混之水难

以步行……

（第四次）3时30分，"镇远"舰305毫米口径大炮发射二颗炮弹命中"松岛"舰。一颗击中左舷甲板第四号炮身上方，又转向击破右舷上甲板。另一颗击中舷侧，巨孔穿出有2至3尺有余，出现三四个大洞，致使舰体发生倾斜，上甲板里面的电灯、电路、传话管、水管、蒸汽管全部断裂变形，犹如草蔓一样垂落下来……

4时7分，"松岛"舰从樯头降下旗帜，告诉各舰独立行动，"桥立"改为旗舰。"松岛"舰死者57名，轻重伤者56名。在这次战役中"松岛"舰战死的官兵占总数的一半，伤者占三分之一。

川崎三郎在《日清战争史》中是这样写中了巨弹后的情形的：

轰然爆炸，刹那间，如百电千雷崩裂，发出凄惨绝寰之巨响，俄而，剧烈震荡，舰体倾斜，烈火焰焰焦天，白烟茫茫蔽海。死伤达八十四人，队长志摩（清直）大尉，分队长伊东（满嘉记）少尉死之。死尸纷纷，或飞坠海底，或散乱甲板，骨碎血溢，异臭扑鼻，其惨烈殆不可言状。须史，烈火吞没舰体，浓烟蔽空，状至危急。虽全舰尽力灭火，轻重伤者皆跃起抢救，但海风甚猛，火势不衰，宛然一大火海。

实际上"松岛"舰在黄海海战中伤亡 100 余人，其中当即亡者 51 人，住院后死者 2 人。

1894 年 9 月 17 日，举世震惊的中日黄海大战，就在大鹿岛西南 2 海里至 20 海里的海面上展开。敌我双方一开战，渔民们就爬上山顶趴着观看海战的全过程。军舰上的水兵都打红了眼，炮弹满天飞，水柱像山高，整个海面全被硝烟和炮火笼罩着，真是打得天昏地暗。

其中一颗炮弹还落到了大鹿岛旁边一个叫苏坨子的小岛上爆炸。从中午打到傍晚，日本联合舰队未能实现全歼北洋舰队的战略目标，反而率先逃离战场。我们的"致远"舰沉在岛西南的 20 海里处，"超勇"沉于 16 海里处，"扬威"在距岛仅 5 海里处沉没，"经远"舰在岛东的海面上被击沉。

战斗结束正是涨潮时刻，有一百多具尸体漂到大鹿岛，岛边沿、沙滩上、礁石间，到处是爱国将士的胳膊、腿脚、衣服……潮水带着殷红的血色。大鹿岛人含着泪水，用几天时间，把这些支离破碎的遗体、漂在海面上的遗物、挂在礁石和树杈上的布条、碎片，虔诚而小心地收集起来，隆重地在岛上进行安葬，让这些为国家和民族英勇捐躯的将士，安息在土里，把忠魂装进心里。人们还发现，有两名活着的水兵靠着一块木板游到岸边，便立即

将他们抬回家。经询问后才得知，一个是"扬威"舰的水手邵伙灵，一个是"超勇"舰管账目的姓黄，都是山东人。他俩在渔民家养了 20 多天伤，最后离岛走了。

第七节　甲午英烈魂归处

为了充分表达大鹿岛人缅怀甲午英烈的深切感情，20 世纪 90 年代中期，他们将原邓世昌墓和为海战捐躯的北洋水师官兵坟墓遗址进行了重修和扩建，这就是今天游客们在大鹿岛青松掩蔽的东山坡上看到的邓世昌与甲午无名烈士墓，墓墙上有著名散文家王充闾先生题写的碑文："甲午英烈永垂不朽。"

大鹿岛上原来也有一尊邓世昌的塑像，因这尊塑像材质抗氧能力有限，于是大鹿岛人又集资 30 余万元，在岛前独立砣上塑造了用鲁青石雕刻的邓世昌全身像。像高 4.8 米，寓"世"字的谐音和"昌"字笔画数的八画，像胸厚 45 厘米，象征邓世昌 45 岁年龄，基座高 1.894 米象征 1894 年，基座面积 96 平方米，象征我国 960 万平方公里的陆地面积。来岛旅游的华侨和港台同胞交口称赞大鹿岛重修邓世昌墓，建邓世昌雕像，是一件告慰先人、启示今人、昭示后人、功德无量的好事。

面向月亮湾的邓世昌青石雕像，昂首挺胸，站立舰桥，形象高大，身躯伟岸，英姿勃勃。他，手执望远镜，眉峰攒聚，目光炯炯，直视前面他曾饮恨的海战场。

从太平洋涌来的深蓝、灰褐色的浪涛，泛着白沫，互相追逐着，一排排地向宽阔的沙滩翻滚，势如千军冲阵、万马奔腾；蓄足力量之后，恶狠狠地向岛边嶙峋的礁石碰击，声似惊雷炸空、万鼓齐擂。日夜与风涛海浪做伴的邓世昌，永远以威武肃穆的表情，在凝神思考。他在想什么？……

莫非他在浩叹，自 1887 年赴英接来四艘巡洋舰之后，北洋舰队再也没有添置新舰，军备不修，"后难为继"，而敌国却不惜代价购买最新式装备，从世界的末位迅速蹿升至第 11 位，中日海军力量的对比骤然间发生了倾斜。黄海炮响时，日本海军的战斗力早已越我之上矣。他早就看到了这种危机，为此事经常议论，心急火燎，多次通过丁提督恳切陈词，强烈呼吁，可是清廷统治者对此置若罔闻，不予理睬。如果在这六七年中，我们能再添置几艘新式战舰，将"吉野"买来，那可能是什么结果呢？即使不

能买新舰，那么给我们舰上更换新炮且弹药足够也行，这样北洋舰队中一批血性男儿也可与敌拼杀到底！北洋舰队长期弹药奇缺。要是"致远"舰弹药足够，在激战关头何愁不能重创乃至击沉日舰？

邓世昌以死来唤起全民族的觉醒，震撼了朝野，举国上下同悲。光绪皇帝赐予其"壮节"谥号，追封"太子少保"，入祀京师昭忠祠，还派钦差大臣去粤安抚其家属。并有御赐祭文、碑文各一篇，赐白银 10 万两。为迎天使，邓家倾家荡产，买千余米金黄地毯，从龙涎里一直铺到珠江边金花渡码头。邓氏家族用白银 4 万两修建邓氏宗祠。1897 年 9 月 20 日即在邓世昌殉国日刚过三年时，光绪皇帝又准御史潘庆澜奏，再次赏给邓世昌母用 3 斤黄金制成的"教子有方"金匾一方，并刻有匾文。

附录

邓世昌年谱简编

公元（年）	年号	年龄（岁）	纪　　事
1849	清道光二十九年	1	10月4日（农历八月十八日）出生于广东番禺县龙导尾乡（今广州珠海区龙导尾街）。
1860	清咸丰十年	11	在家乡完成学业。
1867	清同治六年	18	考入福州船政学堂驾驶专业。
1871	清同治十年	22	经过五年刻苦学习后，在船政学堂以优异的成绩毕业。首次回广州家乡探亲。
1873	清同治十二年	24	登上"建威"练习舰到海上远航实习，先后到达厦门、香港、新加坡、槟榔屿等地。海上实习历时二年。
1874	清同治十三年	25	被船政大臣沈葆桢誉为船政学堂"最伶俐的青年"之一，奖以五品军功，任命为"琛航"舰大副。船政学堂自己培养的军官指挥军舰，这是中国军事教育史上的首次。
1875	光绪元年	26	任"海东云"炮舰管带，巡守海口，获升千总。

续表

公元（年）	年号	年龄（岁）	纪　　事
1877	光绪三年	28	2月，代理"扬武"巡洋舰大副。3月，船政局首次派学生去英、法两国留学。根据邓世昌的全面素质完全够条件，只因带船人才紧缺，才让他留在国内。后来，李鸿章曾多次派他出国去接新舰。
1878	光绪四年	29	调任"振威"炮舰管带，并代理"扬武"快船管驾，奉命扼守澎湖、基隆等要塞。
1880	光绪六年	31	年初，任"飞霆"炮舰管带。此时李鸿章兴办北洋海军，派马建忠去考察、招收水师人才，马推荐时说他"熟悉管驾事宜，为水师不易得之才"，遂调北洋。年底，从英国订购的"超勇"、"扬威"两巡洋舰完工，邓世昌被派遣去接舰。
1881	光绪七年	32	在英国学习。8月17日，邓世昌操"扬威"舰、林泰曾操"超勇"舰，从英国纽卡斯尔港启航回国。10月15日到达香港，历时61天。11月22日到达天津大沽口。这是中国海军首次驾驶军舰航行北大西洋—地中海—苏伊士运河—印度洋—西太平洋。因驾驶有功，被清廷授予"勃勇巴图鲁"勇号，赏戴花翎，以都司补用。

公元 (年)	年号	年龄 (岁)	纪　　事
1882	光绪八年	33	率"扬威"舰援朝，鼓轮疾驶，径赴仁川海口，比日本兵船先到一日，挫败日军侵朝计划。因军功补升游击，第二次赏授"勃勇巴图鲁"勇号。
1887	光绪十三年	38	春，李鸿章奏派邓世昌率队赴英、德接收清政府向英、德订造的"致远"、"靖远"、"经远"、"来远"四艘巡洋舰。邓世昌以劳务处副将衔兼"致远"管带第二次出国接船带船。光绪十四年春，抵大沽。
1888	光绪十四年	39	台湾后山生番，时出滋扰，官军往剿失利，凶焰益炽。李鸿章檄邓世昌，随同北洋提督丁汝昌前往台湾助剿。世昌驾"致远"舰赴台湾埠南一带。惟时陆军苦战累月，因山深林密，难以深入。及世昌驾舰至附海之处，发炮轰攻，乃得水陆并进，拆毁碉寨，将吕家望、大庄等番社老巢攻克，由是生番悉平。奉旨著以总兵记名简放，并加提督衔。 自投军后十七年，首次回广州家乡探亲，因父亲去世，他哭昏于灵前。醒后挥泪写祭文，将未能再见父亲一面视为"终生大戚"。
1889	光绪十五年	40	2月20日，李鸿章在海军新设中军营带将，请以邓世昌借补，任"致远"舰管带。

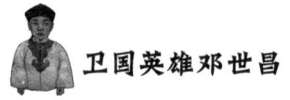

卫国英雄邓世昌

续表

公元 （年）	年号	年龄 （岁）	纪　事
1891	光绪十七年	42	李鸿章来威海，按《北洋海军章程》，首次检阅北洋海军。邓世昌以训练得力，春奏准赏获"噶尔萨巴图鲁"勇号，并赐给三代一品封典。
1892	光绪十八年	43	邓世昌"第三次"，也是最后一次回广州家乡探亲。
1894	光绪二十年	45	9月17日，在黄海大东沟海战中，邓世昌指挥"致远"舰奋勇作战。为保护旗舰"定远"的安全，奋勇冲入敌阵，在日舰围攻下，"致远"多处受伤，全舰燃起大火，舰身倾斜。邓世昌鼓励官兵"吾辈从军卫国，早置生死于度外，今日之事，有死而已"，"倭舰专恃吉野，苟沉此舰，足以夺其气而成事"，毅然驾舰全速去撞沉该舰，欲与敌同归于尽。倭舰官兵见状大惊失色，集中炮火射击，不幸一发炮弹击中"致远"的鱼雷发射管，管内鱼雷爆炸，致使"致远"迅速沉没。邓世昌坠落海中后，其随从刘相忠以救生圈相救，被他拒绝，并说："我立志杀敌报国，今死于海，义也，何求生为？""左一"鱼雷艇也赶来相救，艇上水手高呼"邓大人，快上札杆！"邓世昌不应，"以阖船俱没，义不独生，仍复奋掷自沉"，所养的爱犬"太阳"亦游至其旁，口衔其臂以救，邓世昌誓与军舰共存亡，毅然按犬首入水，自己同沉于波涛之中，与全舰官兵250余人一同壮烈殉国。

· 158 ·